LA LIGUE

OU
HENRY LE GRAND
POËME EPIQUE

Par M. DE VOLTAIRE.

A GENEVE,

Chez JEAN MOKPAH

MDCCXXIII.

iij

AVERTISSEMENT DE L'EDITEUR.

ON peut assurer le Public que cette Edition est faite sur un des Manuscrits les plus corrects qui aient couru du Poëme de Monsieur de Voltaire. Nous avons ajoûté à la fin le peu de Remarques de lui qui nous sont tombez entre les mains & nous les avons rangez dans l'ordre qui nous a paru le plus naturel. On nous avoit promis un abregé de l'Histoire de la Ligue du même Auteur, qu'il devoit faire imprimer à la tête de son Poëme, mais n'aiant pû recouvrer cet Ouvrage nous y avons substitué les

*2   Arti-

Articles suivans, pour la commodité de ceux qui pourroient lire ce Poëme sans avoir aucune teinture de l'Histoire de ces tems-là.

LA Ligue étoit un parti formé par les GUISES contre la Maison Roïale & sur-tout contre HENRY IV. qu'ils vouloient exclure de la succession à la Couronne de France, sous prétexte de détruire la Religion Réformée dont HENRY IV. faisoit profession.

LES SEIZE étoient des séditieux ainsi nommez, parce qu'ils étoient les Chefs des Seize quartiers dont Paris étoit composé, ils commandoient les Ligueurs & secondez des Prêtres & des Moines, ils animoient le peuple contre HENRY IV.

HENRY DUC DE GUISE, dit le balafré, étoit fils de François Duc de Guise qui fut tué devant Orleans. Il étoit le Chef de la Ligue & contraignit HENRY III. à la journée des Baricades de sortir de son Louvre & d'abandonner Paris. HENRY III. l'attira à Blois où il le fit poignarder en 1588.

LE DUC DE MAÏENNE frere du Duc de Guise fut reconnu après la mort de son frere Chef des Ligueurs, il fut vaincu par HENRY IV. à Ivry & se remit depuis sous son obéïssance.

SIXTE QUINT Pape de Rome & ses successeurs tâchant d'établir l'Inquisition en France, jettoient des Bulles d'excommunication contre HENRY III. & HENRY IV. & secoururent la Ligue d'hommes & d'argent.

PHILIPPE SECOND Roi d'Espagne entretenoit toujours

toûjours la division dans le dessein de faire tomber la Couronne de France à un de ses Enfans ou à lui-même, & fournissoit à la Ligue des troupes & des sommes considérables.

LES ETATS DE PARIS furent tenus à Paris par le parti de la Ligue, qui quoique vaincuë & presque détruite par HENRY IV. ne vouloit pas le reconnoître. On y proposa d'élire pour Roi de France un Prince de la Maison de Lorraine, où PHILIPPE II.

CATHERINE DE MEDICIS veuve de HENRY II. Roi de France & Mere de FRANÇOIS II. de CHARLES IX. & de HENRY III. &c. fut l'éternelle ennemie de HENRY IV. elle résolut d'écraser son parti, par un massacre général des Huguenots qu'elle fit commettre dans toutes les Villes du Roïaume le jour de la S. Barthelemy en 1672. elle avoit déliberé de faire mourir HENRY IV. mais elle se contenta de le retenir prisonnier dans sa Cour pendant deux ans.

CHARLES NEUF Roi de France & fils de Catherine de MEDICIS, ne se servit de son autorité que pour exécuter les horribles desseins de sa Mere; dont il partageoit la haine qu'elle avoit pour HENRY IV, & pour son Parti, il mourut en 1574.

HENRY TROIS fils de Catherine de MEDICIS & frere de CHARLES IX. étant Duc d'Anjou avoit gagné les Batailles de Jarnac & de Montcontour contre le parti Protestant qui étoit celui d'HENRY IV. encor enfant. Ce parti avoit à sa tête le Prince de Condé Oncle d'HENRY IV. & l'Amiral de Coligni. HENRY III. après la victoire de Jarnac & celle

celle de Montcontour fut apellé au Royaume de Pologne, ensuite CHARLES IX. étant mort il vint se faire reconnoître Roi de France. Jamais réputation ne changea si promptement que la sienne. Son courage s'amolit par les plaisirs & les débauches où le plongeoient ses Favoris, & bien-tôt il fut accablé d'outrages par le parti de la Ligue. Enfin, il fut assassiné à S. Clou par un Jacobin nommé Jacques Clement en 1589.

HENRY QUATRE fils d'Antoine de BOURBON Duc de Vendome, Roi de Navarre descendoit du Roi S. Loüis, ainsi son droit à la Couronne étoit incontestable. Il fut persecuté toûjours par Catherine de MEDICIS, CHARLES IX. & HENRY III. il gagna la Bataille de Coutras sur l'armée de ce Prince, & après l'avoir vaincu il vint à son secours & le vengea de la Ligue. Après la mort de HENRY III. il défit le Duc de Maïenne en plusieurs rencontres & remporta sur lui une victoire complette à la Bataille d'Ivry en 1594. depuis il mit le siége devant Paris, rentra dans sa Capitale & dans le sein de l'Eglise & reçût sous son obéïssance les Villes & les Chefs de la Ligue.

L'AMIRAL DE COLIGNI fut déclaré Chef du parti Protestant après la mort du Prince de Condé. Aïant été attiré à la Cour avec tous les Seigneurs de son parti par Catherine de MEDICIS & CHARLES IX. pour célébrer le mariage de HENRY IV. & de Marguerite de VALOIS, Sœur de CHARLES IX. & de HENRY III. Il fut massacré le jour de la S. Barthelemy.

ELIZABETH Reine d'Angleterre touchée des vertus de HENRY IV. & qui desira toûjours extrêmement

ment de le voir ; le secourut du vivant même de HENRY III. & six mois après la mort de ce Roi lui envoïa quatre mille hommes, commandez par le fameux Comte d'Essex son Favori.

GABRIELLE D'ETRE'ES fut aimée d'HENRY IV. dans le tems qu'il faisoit la guerre contre la Ligue. Ce Prince se déroboit quelquefois de son Armée pour l'aller voir.

PREMIER CHANT.

Je chante les combats, & ce Roi genereux
Qui força les François à devenir heureux,
Qui dissipa la Ligue & fit trembler l'Ibere,
Qui fut de ses Sujets le vainqueur & le pere;
Dans Paris subjugué fit adorer ses loix,
Et fut l'amour du monde, & l'exemple des Rois.

Muse raconte-moi quelle haine obstinée
Arma contre HENRY (1) la France mutinée,
Et comment nos aïeux à leur perte courans
Au plus juste des Rois préferoient des titans.

VALOIS (2) regnoit encore, & ses mains incertaines
De l'Etat ébranlé laissoient flotter les rênes;
Les loix étoient sans force & les droits confondus,
Ou pour en mieux parler VALOIS ne regnoit plus.

(1) HENRY IV. est toujours apellé dans ce Poème HENRY ou BOURBON.
(2) HENRY III. est toujours nommé VALOIS.

Ce n'étoit plus ce Prince envirônné de gloire
Aux combats dès l'enfance instruit par la victoire,
Dont l'Europe en tremblant regardoit les progrès,
Et qui de sa patrie emporta les regrets,
Quand du Nord étonné de ses vertus suprêmes
Les peuples à ses pieds mettoient les diadèmes.
Tel brille au second rang, qui s'éclipse au premier;
Il devint lâche Roi, d'intrepide guerrier;
Endormi sur le Trône au sein de la molesse
Le poids de sa Couronne accabloit sa foiblesse.
Quelus & S. Maigrin, Joyeuse & d'Espernon
Tirans voluptueux qui regnoient sous son nom,
D'un maître efféminé, corrupteurs politiques,
Plongeoient dans les plaisirs ses langueurs létargiques.

Des Guises cependant le rapide bonheur,
Sur son abaissement élevoit leur Grandeur;
Ils formoient dans Paris cette Ligue fatale,
De son foible pouvoir insolente rivale :
Cent Partis oposez, du même orgüeil épris,
De son Trône à ses yeux disputoient les débris
Ses amis corrompus bien-tôt l'abandonnèrent;
Du Louvre épouvanté ses peuples le chasserent.
Dans Paris revolté l'Etranger accourut,

Tout

Tout perissoit enfin, lorsque BOURBON parut;
Le vertueux BOURBON, plein d'une ardeur guerriere,
A son Prince aveuglé vint montrer la lumiere;
Il lui rendit sa force, il conduisit ses pas,
De la honte à la gloire & des jeux aux combats:
Aux ramparts de Paris, les deux Rois s'avancerent,
Au bruit de leurs exploits, cent peuples s'alarmerent.
L'Europe interessée à ces fameux revers,
Sur ces murs orgüeilleux avoit les yeux ouverts.

On voïoit d'un côté la discorde inhumaine,
Excitant aux combats & la Ligue & Mayenne,
Troublant tout dans Paris, & du haut de ses tours,
De Rome & de l'Espagne apellant les secours.
De l'autre paroissoient les soutiens de la France,
Divisez par leur Secte, unis par la vengeance:
HENRY de leurs desseins étoit l'ame & l'apui,
Leurs cœurs impatiens voloient tous après lui.
On eut dit que l'Armée à son pouvoir soumise,
Ne connoissoit qu'un Chef & n'avoit qu'une Eglise.

Vous le vouliez ainsi, grand Dieu, dont les desseins
Par de secrets ressorts inconnus aux humains,
Confondant des Liguez la superbe esperance,
Destinoient aux BOURBONS l'Empire de la France.

A 2   Deja

Déja les deux Partis aux pieds de ces remparts,
Avoient plus d'une fois balancé les hazards;
Dans nos champs desolez le démon du carnage,
Déja jusqu'au deux mers avoit porté sa rage,
Quand VALOIS à BOURBON tint ce triste discours,
Dont souvent ses soûpirs interrompoient le cours.

Vous voïez à quel point le destin m'humilie,
Mon injure est la vôtre & la Ligue ennemie,
Levant contre son Prince un front séditieux,
Nous confond dans sa rage & nous poursuit tous deux.
Paris nous méconnoit, Paris ne veut pour Maître,
Ni moi qui suis son Roi, ni vous qui devez l'être;
Ils savent que les Loix, les nœuds sacrez du Sang,
La vertu, tout enfin vous apelle à mon rang,
Et redoutant déja votre grandeur future,
Du Trône où je chancelle, ils pensent vous exclure.
De la Religion terrible en son couroux,
Le fatal anatheme est lancé contre vous;
Rome qui sans soldats porte en tous lieux la guerre,
Aux mains des Espagnols a remis son tonnerre.
Sujets, amis, parens, tout a trahi sa foi,
Tout me fuit, m'abandonne, ou s'arme contre moi,
Et l'Espagnol avide, enrichi de mes pertes,

Vient

Vient en foule inonder mes campagnes desertes.

Contre tant d'ennemis soigneux de m'outrager,
Dans la France à mon tour apellons l'étranger ;
Des Anglois en secret allez fléchir la Reine,
Je sai qu'entr'eux & nous une immortelle haine
Nous permet rarement de marcher réünis,
Que Londre est de tout tems l'émule de Paris :
Mais après les affronts dont ma gloire est flétrie,
Je n'ai plus de Sujets, je n'ai plus de patrie,
Je hais, je veux punir des peuples odieux,
Et qui peut me vanger, est François à mes yeux.
Je n'occuperai point dans un tel ministere,
De mes secrets Agens la lenteur ordinaire ;
Je n'implore que vous ; c'est vous de qui la voix
Peut seule à mon malheur interresser les Rois :
L'Angleterre vous aime, & votre renommée
Sur vos pas en ces lieux conduira son Armée,
Je veux par votre bras vaincre mes ennemis ;
Mais c'est de vos vertus que j'attens des amis.
Les momens nous sont chers & le vent vous seconde,
Allez, qu'à mes desseins votre zele réponde,
Partez, je vous attends pour signaler mes coups,
Qui veut vaincre & régner ne combat point sans vous.

Il dit, & le Héros, qui jaloux de sa gloire,
Craignoit de partager l'honneur de la victoire,
Sentit en l'écoutant une juste douleur ;
Il regretoit ces tems si chers à son grand cœur,
Où fort de sa vertu, sans secours, sans intrigue,
Lui seul avec Condé faisoit trembler la Ligue.
Mais il fallut d'un Maître accomplir les desseins ;
Il suspendit les coups qui partoient de ses mains,
Et laissant ses Lauriers cueillis sur ce rivage,
A partir de ces lieux il força son courage.
Les Soldats étonnez ignorent son dessein,
Et tous de son retour attendent leur destin.
Il marche. Cependant, la Ville criminelle,
Le croit toujours present, prêt à fondre sur elle ;
Et son nom, qui du Trône est le plus ferme apui,
Semoit encore la crainte & combattoit pour lui.

Déja des Neustriens il franchit la campagne,
De tous ses favoris Sulli seul l'accompagne.
Sulli qui dans la guerre & dans la paix fameux,
Intrépide, soldat, courtisan vertueux,
Dans les plus grands emplois signalant sa prudence,
Servit également & son Maître & la France.
Heureux si mieux instruit de la divine loi,

Il eut fait pour son Dieu ce qu'il fit pour son Roi.

   A travers deux Rochers où la mer mugissante
Vient briser en couroux son onde blanchissante ;
Dieppe aux yeux du Héros offre un tranquile Port.
Les Matelots ardens s'empressent sur le bord :
Les Vaisseaux sous leurs mains, fiers souverains des
      ondes
Etoient prêts à voler sur les plaines profondes
L'impétueux Borée enchaîné dans les airs
Au soufle du zephire abandonnoit les mers.
On leve l'Ancre, on part, on fuit loin de la terre,
On aborde bientôt les champs de l'Angleterre,
HENRY court au rivage & d'un œil curieux
Contemple ces climats, alors aimez des Cieux ;
Sous de rustiques toits les laboureurs tranquiles
Amassent les tresors des campagnes fertiles,
Sans craindre qu'à leurs yeux des soldats inhumains
Ravagent ces beaux champs cultivez par leurs mains,
La paix au milieu d'eux comblant leur esperance
Améne les plaisirs enfans de l'abondance.

   Peuple heureux, dit BOURBON, quand pouront
      les François,
Voir d'un regne aussi doux fleurir les justes loix.

                       Quel

Quel exemple pour vous, Monarques de la terre ;
Une femme a fermé les portes de la guerre ;
Et renvoïant chez vous la discorde & l'horreur,
D'un peuple qui l'adore, elle a fait le bonheur.

 En achevant ces mots il découvre un bocage,
Dont un leger zephire agitoit le feuillage,
Flore étaloit au loin ses plus vives couleurs,
Une onde transparente y fuit entre des fleurs ;
Une grote est auprès, dont la simple structure
Doit tous ses ornemens aux mains de la nature.
Un vieillard venerable avoit loin de la Cour
Cherché la douce paix dans cet obscur séjour,
Aux humains inconnu, libre d'inquiétude,
C'est-là, que de lui-même, il faisoit son étude ;
C'est-là qu'il regretoit ses inutiles jours,
Perdus dans les plaisirs, plongés dans les amours,
Sur l'émail de ces prez au bord de ces fontaines,
Il fouloit à ses pieds les passions humaines ;
Tranquile il attendoit, qu'au gré de ses souhaits,
La mort vint à son Dieu le rejoindre à jamais.
Ce Dieu qu'il adoroit prit soin de sa vieillesse,
Il fit dans son desert descendre la sagesse,
Et prodigue envers lui de ses tresors divins,

Il ouvrit à ses yeux le Livre des destins.

Ce vieillard au heros que Dieu lui fit connoître,
Au bord d'une onde pure offre un festin champêtre.
Le Prince à ces repas étoit accoutumé ;
Souvent sous l'humble toît du laboureur charmé,
Fuïant le bruit des Cours, & se cherchant lui même,
Il avoit abaissé l'orgueil du diadême :
Le trouble répandu dans l'Empire chrétien,
Fut pour eux le sujet d'un utile entretien.

Sulli qui dans sa secte étoit inébranlable,
Prêtoit au Calvinisme un apui redoutable ;
HENRY doutoit encore & demandoit aux cieux,
Qu'un raïon de clarté vint dessiller ses yeux ;
De tout tems disoit-il la vérité sacrée,
Chez les foibles humains, fut d'erreurs entourée.
Faut-il que de Dieu seul, attendant mon appui,
J'ignore les sentiers qui menent jusqu'à lui ?
Hélas ! un Dieu si bon, qui de l'homme est le maître,
En eut été servi, s'il avoit voulu l'être.

De Dieu dit le vieillard, adorons les desseins,
Et ne l'accusons pas des fautes des humains ;
J'ai vu naître autrefois le Calvinisme en France,

B   Foible,

Foible, marchant dans l'ombre, humble dans sa naiſ-
　　ſance ;
Je l'ai vu ſans ſuport exilé dans nos murs,
S'avancer à pas lents par cent détours obſcurs.
Enfin mes yeux ont vu du ſein de la pouſſiere,
Ce fantôme effraïant lever ſa tête altiere ;
Se placer ſur le Trône, inſulter aux mortels,
Et d'un pied dédaigneux renverſer nos autels.

　Loin de la Cour alors en cette grotte obſcure
De ma Religion je vins pleurer l'injure.
Là quelque eſpoir au-moins conſole mes vieux jours;
Un culte ſi nouveau ne peut durer toûjours.
Des caprices de l'homme il a tiré ſon être,
On le verra périr, ainſi qu'on l'a vu naître.
Les œuvres des humains ſont fragilles comme eux ;
Dieu diſſipe à ſon gré leurs deſſeins orgueilleux.
Lui ſeul eſt toûjours ſtable, en vain nôtre malice
De ſa ſainte Cité veut ſapper l'édifice ;
Lui-même en affermit les ſacrez fondemens ;
Ces fondemens vainqueurs de l'enfer & des tems.

　C'eſt à vous, GRAND BOURBON, qu'il ſe fera con-
　　noître,

Vous

Vous serez éclairé puisque vous voulez l'être,
Ce Dieu vous a choisi ; sa main dans les combats,
Au Trône des VALOIS va conduire vos pas.
Déja sa voix terrible ordonne à la victoire
De préparer pour vous les chemins de la gloire.
Mais si sa verité n'éclaire vos esprits,
N'esperez point entrer dans les murs de Paris.
Sur-tout des plus grands cœurs évitez la foiblesse ;
Fuïez d'un doux poison l'amorce enchanteresse,
Craignez vos passions, & sachez quelque jour
Résister aux plaisirs & combattre l'amour.
Enfin quand vous aurez par un effort suprême
Triomphé des Ligueurs & sur-tout de vous même,
Lorsqu'en un siege horrible & célebre à jamais,
Tout un Peuple étonné vivra de vos bien-faits ;
Ces tems de vos Etats finiront les miseres ;
Vous leverez les yeux vers le Dieu de vos peres ;
Vous verrez qu'un cœur droit peut esperer en lui,
Et que qui lui ressemble est sûr de son apui.

 Chaque mot qu'il disoit étoit un trait de flâme
Qui pénetroit HENRY jusqu'au fond de son ame.
Il se crut transporté dans ces tems bien-heureux
Où le Dieu des humains conversoit avec eux.

Où la simple vertu prodiguant les miracles,
Commandoit à des Rois & rendoit des oracles.
Il embrasse en pleurant ce vieillard vertueux ;
Il s'éloigne à regret de ces paisibles lieux,
Il avance, il arrive à la Cité fameuse
Qu'arose de ses eaux la Tamise orgueilleuse.

Là des Rois D'ALBION est l'antique séjour ;
ELIZABETH alors y rassembloit sa Cour.
L'univers la respecte, & le ciel l'a formée
Pour rendre un calme heureux à cette Isle allarmée,
Pour faire aimer son joug à ce Peuple indompté,
Qui ne peut ni servir, ni vivre en liberté.

Le Héros en secret est conduit chez la Reine,
Il la voit, il lui dit le sujet qui l'amene,
Et jusqu'à la priere, humiliant son cœur,
Dans ses soumissions découvre sa grandeur.

Quoi vous servez VALOIS, dit la Reine surprise,
C'est lui qui vous envoïe au bord de la Tamise ?
Quoi de ses ennemis devenu protecteur,
HENRY vient me prier pour son persécuteur ?
Des rives du couchant aux portes de l'Aurore,
De vos longs differens, l'univers parle encore.

Et

Et je vous vois armer en faveur de VALOIS ?
Ce bras, ce même bras qu'il a craint tant de fois.

Ses malheurs, reprit-il, ont étouffé nos haines ;
VALOIS étoit esclave, il brise enfin ses chaînes ;
Plus heureux si toujours assuré de ma foi,
Il n'eût cherché d'apui que son courage & moi ;
Mais n'emploiant jamais que la ruse & la feinte,
Il fut mon ennemi par foiblesse & par crainte.
Je l'ai vaincu, Madame, & je vais le venger,
Le bras qui l'a puni le saura proteger.

Vous pouvez, Grande Reine, en cette juste guerre,
Signaler à jamais le nom de l'Angleterre ;
Couronner vos vertus par ces nouveaux exploits,
Et vanger avec moi la querelle des Rois.

La Reine accorda tout à sa noble prière,
De Mars à ses Sujets elle ouvre la barière.
Mille jeunes Héros vont bien-tôt sur ses pas
Fendre le sein des mers & chercher les combats.

Essex est à leur tête ; Essex dont la vaillance
Vingt-fois de l'Espagnol confondit la prudence ;
Et qui ne croioit pas qu'un indigne destin,
Dût flétrir les Lauriers qu'avoit cueillis sa main.

La

La Reine cependant avec impatience,
Demande le recit des troubles de la France :
Veut savoir quels ressorts & quel enchaînement
Ont produit dans Paris un si grand changement.

Déja, dit-elle au Roi, la prompte renommée
De ces revers sanglans m'a souvent informée ;
Mais sa bouche indiscrete en sa legereté,
Prodigue le mensonge avec la verité ;
J'ai rejetté toûjours ses recits peu fideles,
Vous donc témoins fameux de ses longues querelles,
Vous toûjours de VALOIS le vainqueur ou l'apuî,
Expliquez-nous le nœud qui vous joint avec lui.
Daignez développer ce changement extrême,
Vous seul pouvez parler dignement de vous-même,
Et je croi mériter que sans déguisemens,
Vous m'instruisiez ici de vos vrais sentimens.

Hélas ! reprit BOURBON, faut-il que ma memoire
Rapelle de ces tems la malheureuse histoire ;
Plût au ciel irrité témoin de mes douleurs,
Qu'un éternel oubli nous cachât tant d'horreurs ;
Pourquoi demandez-vous que ma bouche raconte
Des Princes de mon sang, les fureurs & la honte.

Mon

Mon cœur fremit encore à ce seul souvenir ;
Mais vous me l'ordonnez, je vais vous obéïr.

Sur-tout en écoutant ces tristes avantures,
Pardonnez Grande Reine à des véritez dures,
Qu'un autre auroit pu taire, ou sauroit mieux voiler ;
Mais que jamais BOURBON n'a pu dissimuler.

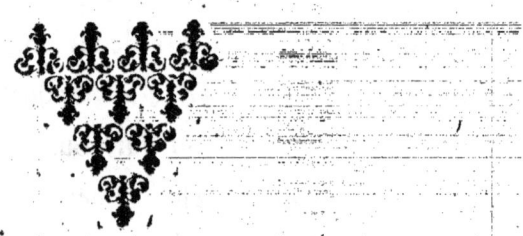

SECOND CHANT.

REine l'excès des maux où la France est li-
vrée,
Est d'autant plus affreux que leur source
est sacrée.
C'est la Religion dont le zele inhumain
Met à tous les François les Armes à la main.

Je ne décide point entre Geneve & Rome,
De quelque nom divin que leur parti les nomme :
J'ai vu des deux côtez la fourbe & la fureur,
Et si la perfidie est fille de l'erreur ;
Si dans les differens où l'Europe se plonge,
La trahison, le meurtre est le sceau du mensonge.
L'un & l'autre parti cruel également,
Ainsi que dans le crime est dans l'aveuglement.
Pour moi qui de l'Etat embrassant la défense,
Laissai toûjours aux cieux le soin de leur vengeance;
On ne m'a jamais vû surpassant mon pouvoir,
D'une indiscrete main profaner l'Encensoir ;

C

Et périsse à jamais l'affreuse politique,
Qui prétend sur les cœurs un pouvoir despotique,
Qui veut le fer en main convertir les mortels,
Qui du sang héretique arose les Autels ;
Et suivant un faux zele où l'intérêt pour guides,
Ne sert un Dieu de paix que par des homicides.

Plût à ce Dieu puissant, dont je cherche la loi,
Que la Cour des VALOIS eût pensé comme moi ;
Mais l'un & l'autre Guise ont eu moins de scrupule,
Ces Chefs ambitieux d'un peuple trop crédule,
Couvrant leurs intérêts de l'intérêt des cieux,
Ont conduit dans le piege un Peuple furieux,
Ont armé contre moi sa pieté cruelle ;
J'ai vu nos Citoïens s'égorger avec zele,
Et la flâme à la main courir dans les combats,
Pour de vains argumens qu'ils ne comprenoient pas.
Vous connoissez le peuple & savez ce qu'il ose,
Quand du ciel outragé, pensant venger la cause,
Les yeux ceints du bandeau de la Religion,
Il a rompu le frain de la soumission.
Vous le savez, Madame, & vôtre prévoïance
Etouffa dès long-tems ce mal en sa naissance.
L'Orage en vos Etats, à peine étoit formé,

Vos

Vos soins l'avoient prévû, vos vertus l'ont calmé,
Vous régnez, Londre est libre & vos loix florissantes;
Medicis a suivi des routes differentes,
Peut-être que sensible à ces tristes recits,
Vous me demanderez qu'elle étoit Medicis,
Vous l'aprendrez du moins d'une bouche ingenuë,
Beaucoup en ont parlé, mais peu l'ont bien connuë,
Peu de son cœur profond ont fondé les replis,
Pour moi nourri vingt ans à la Cour de ses fils,
Qui vingt ans sous ses pas vit les orages naître,
J'ai trop à mes périls apris à la connoître.

Son Epoux expirant dans la fleur de ses jours,
A son ambition laissoit un libre cours;
Chacun de ses enfans nourri sous sa tutelle,
Devint son ennemi dès qu'il régna sans elle,
Ses mains autour du Trône avec confusion,
Semoient la jalousie & la division;
Oposant sans relache, avec trop de prudence,
Les Guises aux Condéz, & la France à la France,
Toûjous prête à s'unir avec ses ennemis,
Et changeant d'intérêt, de rivaux & d'amis;
Esclave des plaisirs, mais moins qu'ambitieuse:

Infidele

Infidele à sa secte & superstitieuse,
Possedant en un mot pour n'en pas dire plus,
Tous les défauts du sexe, avec peu de vertus.

Ce mot m'est échapé, je parle avec franchise
Dans ce sexe, après tout vous n'êtes point comprise,
L'Auguste ELIZABETH n'en a que les apas,
Le ciel qui vous forma pour régir des Etats,
Vous fait servir d'exemple à tous tant que nous sommes,
Et l'Europe vous conte au rang des plus grands hommes.

Déja FRANÇOIS second, par un sort imprévû,
Avoit rejoint son pere au tombeau descendu ;
Foible enfant, qui de GUISE adoroit les caprices,
Et dont on ignoroit les vertus & les vices.

CHARLES plus jeune encore avoit le nom de Roi,
MEDICIS régnoit seule on trembloit sous sa loi,
D'abord sa politique assurant sa puissance,
Préparoit à son fils une éternelle enfance,
Sa main de la discorde allumant le flambeau,
Marqua par cent combats son Empire nouveau,
Elle arma le couroux des deux sectes rivales.

Dreux

Dreux qui vit déployer leurs enseignes fatales,
Fut le theâtre affreux de leurs premiers exploits :
Le vieux Montmorenci près du tombeau des Rois,
D'un plomb mortel atteint par une main guerriere,
De cent ans de travaux termina sa carriere.

Guise auprès d'Orleans se vit assassiné,
Mon pere malheureux, à la Cour enchaîné,
Trop foible, & malgré lui servant toûjours la Reine,
Traina dans les affronts sa fortune incertaine,
Et toûjours de sa main, préparant ses malheurs,
Combatit & mourut pour ses persécuteurs.

Condé qui vit en moi le seul fils de son frere,
M'adopta, me servit & de maître & de pere ;
Son Camp fut mon berceau, là parmi les guerriers,
Nourri dans la fatigue à l'ombre des Lauriers.
De la Cour avec lui dédaignant l'indolence,
Ses combats ont été les jeux de mon enfance,
Hélas ! je pleure encore, & pleurerai toûjours,
L'indigne assassinat qui termina ses jours.

Le Ciel qui de mes ans protégeoit la foiblesse,
Toûjours à des Héros confia ma jeunesse.
Coligny de Condé le digne successeur,

De moi, de mon parti devint le défenseur,
Je lui dois tout, Madame, il faut que je l'avouë,
Et d'un peu de vertu si l'Europe me louë ;
Si Rome a souvent même estimé mes exploits,
C'est à vous Ombre illustre, à vous que je le dois ;
Je croissois sous ses yeux, & mon jeune courage,
Fit long-tems de la Guerre un dur aprentissage,
Il m'instruisoit d'exemple au grand art des Héros,
Je voïois ce Guerrier blanchi dans les travaux,
Soutenant tout le poids de la cause commune,
Et contre MEDICIS, & contre la fortune ;
Cheri dans son parti, dans l'autre respecté,
Malheureux quelquefois, mais toûjours redouté.
Savant dans les combats, savant dans les retraites,
Plus grand, plus glorieux, plus craint dans ses défaites.
Que DUNOIS ni GASTON, ne l'ont jamais été,
Dans le Cours triomphant de leur prosperité.

Après dix ans entiers de succès & de pertes,
MEDICIS qui voïoit ses Campagnes couvertes,
D'un parti renaissant qu'elle avoit cru détruit,
Lasse enfin de combattre & de vaincre sans fruit,
Voulut sans plus tenter des efforts inutiles,
Terminer d'un seul coup les discordes civiles :

La Cour de ses faveurs nous offrit les attraits;
Et n'aïant pu nous vaincre, on nous donna la paix;
Quelle paix juste Dieu ? Dieu vengeur que j'atteste,
Que de sang arrosa son olive funeste !
Ciel, faut-il voir ainsi les maîtres des humains,
Du crime à leurs Sujets aplanir les chemins.

Coligny dans son cœur à son Prince fidele,
Aimoit toûjours la France en combattant contr'elle;
Il chérit, il prévint l'heureuse occasion,
Qui sembloit de l'Etat assurer l'union.
Rarement un Héros connoit la défiance;
Parmi ses ennemis il vint plein d'assurance;
Jusqu'au milieu du Louvre il conduisit mes pas;
MEDICIS en pleurant me reçut dans ses bras,
Me prodigua long-tems des tendresses de mere,
Assura Coligny d'une amitié sincere;
Vouloit par ses avis se régler desormais;
L'ornoit de dignitéz, le combloit de bienfaits;
Montroit à tous les miens séduits par l'esperance,
Des faveurs de son fils, la flateuse aparence.

Hélas ! nous esperions en joüir plus long-tems;
Quelques-uns soupçonnoient ces perfides presens;

Les dons d'un ennemi leur sembloient trop à craindre,
Plus ils se défioient, plus le Roi savoit feindre,
Dans l'ombre du secret depuis peu MEDICIS,
A la fourbe, au parjure avoit formé son fils.
Façonnoit aux forfaits, ce cœur jeune & facile,
Et le malheureux Prince à ses leçons docile,
Par son penchant feroce à les suivre excité
Dans sa coupable école avoit trop profité.

Enfin pour mieux cacher cet horrible mistere,
Il me donna sa sœur, il m'apella son frere.
O nom qui m'as trompé, vains sermens, nœud fatal !
Hymen qui de nos maux fut le premier signal.
Tes flambeaux que du Ciel alluma la colere,
Eclairoient à mes yeux le trépas de ma mere.
Je ne suis point injuste & je ne prétends pas,
A MEDICIS encore imputer son trépas ;
J'écarte des soupçons peut-être légitimes,
Et je n'ai pas besoin de lui chercher des crimes ;
Ma mere enfin mourut, pardonnez à des pleurs,
Qu'un souvenir si tendre attache à mes douleurs.

Cependant tout s'aprête & l'heure est arrivée,
Qu'au fatal dénouëment, la Reine a réservée.
Le signal est donné sans tumulte & sans bruit,

C'étoit

C'étoit à la faveur des ombres de la nuit,
De ce mois malheureux l'inégale courriere,
Sembloit cacher d'effroi sa tremblante lumiere ;
Coligny languissoit dans les bras du repos,
Et le sommeil trompeur lui versoit ses pavots ;
Soudain de mille cris, le bruit épouvantable,
Vient arracher ses sens, à ce calme agréable,
Il se leve, il regarde, il voit de tous cotez
Courir des assassins à pas précipitez.
Il voit briller par tout' les flambeaux & les armes,
Son Palais embrasé, tout un Peuple en allarmes,
Ses serviteurs sanglans dans la flâme étouffez,
Les meurtriers en foule au carnage échauffez,
Criant à haute voix, qu'on n'épargne personne,
C'est Dieu, c'est MEDICIS, c'est le Roi qui l'ordonne,
Il entend retentir le nom de Coligny,
Il aperçoit de loin le jeune Teligny,
Teligny dont l'Amour à mérité sa fille,
L'espoir de son parti, l'honneur de sa famille,
Qui sanglant, déchiré, traîné par des Soldats,
Lui demandoit vengeance & lui tendoit les bras.

Le Héros malheureux, sans armes, sans défense,
Voïant qu'il faut périr & périr sans vengeance,

D Voulût

Voulut mourir du moins comme il l'avoit vécu;
Avec toute fa gloire, & toute fa vertu.

 Déja des affaffins la nombreufe cohorte,
Du falon qui l'enferme alloit brifer la porte;
Il leur ouvre lui-même & fe montre à leurs yeux;
Avec cet œil ferain ce front majeftueux;
Tel que dans les combats, maître de fon courage,
Tranquile il arrêtoit, ou preffoit le carnage.

 A cet air venerable, à cet augufte afpect,
Les meurtriers furpris font faifis de refpect,
Une force inconnuë a fufpendu leur rage,
Compagnons leur dit-il, achevez vôtre ouvrage;
Et de mon fang glacé foüillez ces cheveux blancs,
Que le fort des combats refpecta quarante ans,
Frappez, ne craignez rien, Coligny vous pardonne;
Ma vie eft peu de chofe & je vous l'abandonne......
J'euffe aimé mieux la perdre en combatant pour vous..

 Ces tigres à ces mots tombent à fes genoux...
L'un faifi d'épouvante abandonne fes armes;
L'autre embraffe fes pieds qu'il trempe de fes larmes;
Et de fes affaffins, ce grand homme entouré,
Sembloit un Roy puiffant par fon peuple adoré.

 Befme qui dans la Cour attendoit fa victime,
          Monte

Monte tout indigné qu'on differe son crime,
Des assassins trop lents, il veut hâter les coups;
Aux pieds de ce Héros, il les voit trembler tous,
A cet objet touchant lui seul est inflexible,
Lui seul à la pitié toûjours inaccessible;
Auroit crû faire un crime & trahir MEDICIS,
Si du moindre remords il se sentoit surpris,
A travers les soldats, il court d'un pas rapide;
Coligny l'attendoit d'un visage intrépide,
Et bientôt dans le flanc ce monstre furieux,
Lui plonge son épée, en détournant les yeux,
De peur que d'un coup d'œil cet auguste visage,
Ne fit trembler son bras & glaçât son courage.

Du plus grand des François, tel fut le triste sort,
On l'insulte, on l'outrage encore après sa mort,
Son corps percé de coups privé de sepulture,
Des oiseaux dévorans fut l'indigne pâture,
Et l'on porta sa tête aux pieds de MEDICIS,
Conquête digne d'elle & digne de son fils.
MEDICIS la reçut avec indifference,
Sans paroître joüir du fruit de sa vengeance,
Sans remords, sans plaisirs, maîtresse de ses sens,
Et comme acoutumée à de pareils presens.

Qui pourroit cependant exprimer les ravages,
Dont cette nuit cruelle étala les images,
La mort de Coligny, premices des horreurs,
N'étoit qu'un foible essai de toutes leurs fureurs ;
D'un peuple, d'assassins, les troupes effrenées,
Par devoir & par zele, au carnage acharnées,
Marchoient le fer en main les yeux étincelans,
Sur les corps étendus de nos freres sanglans ;
Guise étoit à leur tête & bouillant de colere,
Vengeoit sur tous les miens les manes de son pere.

Nevers, Gondi, Tavanne un poignard à la main,
Echaufoient les transports de leur zele inhumain ;
Et portant devant eux la liste de leurs crimes,
Les conduisoient au meurtre, & marquoient les victimes.

Je ne vous peindrai point le tumulte & les cris,
Le sang de tous côtez ruisselant dans Paris,
Le fils assassiné sur le corps de son pere,
Le frere avec la sœur, la fille avec la mere,
Les époux expirans, sous leurs toits embrasez,
Les enfans au berceau sur la pierre écrasez ;
Des fureurs des humains c'est ce qu'on doit attendre,
Mais ce que l'avenir aura peine à comprendre,

Ce

Ce que vous même encore à peine, vous croirez
Ces monstres furieux de carnage alterez,
Excitez par la voix des Prêtres sanguinaires,
Invoquoient le Seigneur en égorgeant leurs freres;
Et le bras tout soüillé du sang des innocens,
Osoient offrir à Dieu cet execrable encens.

O ! Combien de Héros indignement périrent,
Renel & Pardaillan chez les morts descendirent,
Et vous brave Guerchy, vous sage Lavardin,
Digne de plus de vie, & d'un autre destin.
Parmi les malheureux que cette nuit cruelle,
Plongea dans les horreurs d'une nuit éternelle;
Marsillac, & Soubise au trépas condamnez,
Défendent quelque-tems leurs jours infortunez;
Sanglans, percez de coups & respirant à peine,
Jusqu'aux portes du Louvre, on les pousse, on les
traîne;
Ils teignent de leur sang ce Palais odieux,
En implorant leur Roi qui les trahit tous deux.

Du haut de ce Palais excitant la tempête,
MEDICIS à loisir contemploit cette fête;
Ses cruels favoris d'un regard curieux,
Voyoient les flots de sang regorger sous leurs yeux;

Les

Et de Paris en feu, les ruines fatales
Etoient de ces Héros les pompes triomphales.

Que dis-je, ô! crime, ô! honte, ô! comble de nos maux,
H Le Roi, le Roi lui-même au milieu des bourreaux,
Poursuivant des proscrits les troupes égarées,
Du sang de ses Sujets soüilloit ses mains sacrées ;
Et ce même VALOIS que je sers aujourd'hui,
Ce Roi, qui par ma bouche implore vôtre apui,
Partageant les forfaits de son barbare frere,
A ce honteux carnage excitoit sa colere.
Non, qu'après tout VALOIS ait un cœur inhumain ;
Rarement dans le sang il a trempé sa main.
Mais l'exemple du crime assiégeoit sa jeunesse,
Et sa cruauté même étoit une foiblesse.

Quelques-uns, il est vrai, dans la foule des morts,
Du fer, des assassins tromperent les efforts.

G De Caumont jeune enfant, l'étonnante avanture,
Ira de bouche en bouche à la race future ;
Son vieux pere accablé sous le fardeau des ans,
Se livroit au Sommeil entre ses deux enfans,
Un lit seul enfermoit & les fils & le pere,
Les meurtriers ardens qu'aveugloit la colere,

Sui

Sur eux à coups preſſez enfoncent le poignard,
Sur ce lit malheureux la mort vole au hazard,
L'éternel en ſes mains tient ſeul nos deſtinées,
Il fait quand il lui plaît veiller ſur nos années,
Tandis qu'en ſes fureurs l'homicide eſt trompé,
D'aucun coup, d'aucun trait, Caumont ne fut frapé.
Un inviſible bras armé pour ſa défenſe,
Aux mains, des meurtriers déroboit ſon enfance;
Son pere à ſon côté ſous mille coups mourant,
Le couvroit tout entier de ſon corps expirant,
Et du peuple & du Roi, trompant la barbarie,
Une ſeconde fois il lui donna la vie.

Cependant que faiſois-je en ces affreux momens?
Hélas! trop aſſuré ſur la foi des ſermens,
Tranquile au fond du Louvre & loin du bruit des
armes,
Mes ſens d'un doux repos goutoient encore les char-
mes,
O! nuit, nuit effroïable, ô! funeſte ſommeil,
L'apareil de la mort parut à mon réveil,
On avoit maſſacré mes plus chers domeſtiques;
Le ſang de tous côtez inondoit mes portiques;
Et je n'ouvris les yeux que pour enviſager,

Les

Les miens que fur le marbre on venoit d'égorger?
Les affaffins fanglans vers mon lit s'avancerent,
Leurs parricides mains devant moi fe leverent,
Je touchois au moment qui terminoit mon fort,
Je prefentai ma tête & j'attendis la mort.

Mais foit qu'un vieux refpect pour le fang de leurs
   Maîtres,
Parlât encore pour moi dans le cœur de ces traîtres;
Soit que de MEDICIS, l'ingénieux couroux,
Trouva pour moi la mort un fuplice trop doux;
Soit qu'enfin s'affurant d'un port durant l'orage,
Sa prudente fureur me gardât pour ôtage;
On réferva ma vie à de nouveaux revers,
Et bientôt de fa part on m'aporta des fers.

Coligny plus heureux & plus digne d'envie;
Du moins en fucombant ne perdit que la vie;
Sa liberté, fa gloire au tombeau le fuivit,
Vous fremiffez, Madame, à cet affreux recit;
Tant d'horreur vous furprend, mais de leur barbarie,
Je ne vous ai compté que la moindre partie.

On eût dit que du haut de fon Louvre fatal,
MEDICIS à la France eut donné le fignal;

Tout

Tout imita Paris, la mort sans résistance,
Couvrit en un moment la face de la France;
Quand un Roi veut le crime, il est trop obéï,
Par cent mille assassins son couroux fut servi;
Et des fleuves François les eaux ensanglantées,
Ne portoient que des morts aux mers épouvantées.

E

TROISIEME CHANT.

Quand l'Arrêt des destins eut durant quelques jours
A tant de cruautez permis un libre cours,
Et que ces assassins fatiguez de leurs crimes,
Les glaives émoussez manquerent de victimes ;
Le peuple dont la Reine avoit armé le bras,
Ouvrit enfin les yeux & vit ses attentats :
Aisément sa pitié succede à sa furie,
Il entendit gémir la voix de sa patrie.
Bientôt CHARLES lui-même en fut saisi d'horreur,
Le remords devorant s'éleva dans son cœur.
Dès premiers ans du Roi, la funeste culture,
N'avoit que trop en lui corrompu la nature,
Mais elle n'avoit point étouffé cette voix,
Qui jusques sur le Trône épouvante les Rois.
Par sa mere élevé, nourri dans ses maximes,
Il n'étoit point comme elle endurci dans les crimes.

Le chagrin vint flétrir la fleur de ses beaux jours,
Une langueur mortelle en abregea le cours.
Dieu déployant sur lui sa vengeance severe,
Marqua ce Roi mourant du sceau de sa colere,
Et par son châtiment voulut épouvanter,
Quiconque à l'avenir oseroit l'imiter.

Je le vis expirant cette image effraïante,
A mes sens étonnez sera toûjours presente.
Son sang à gros boüillons de son corps élancé,
Vengeoit le sang François par ses ordres versé,
Il se sentoit frapé d'une main invisible,
Et le peuple étonné de cette fin terrible ;
Plaignit un Roi si jeune & sitôt moissonné,
Un Roi par les méchans dans le crime entraîné,
Et dont le repentir permettoit à la France,
D'un Empire plus doux quelque foible esperance.

Soudain du fond du Nord au bruit de son trépas,
L'impatient VALOIS accourant à grands pas,
Vint saisir dans ces lieux tout fumans de carnage,
D'un frere infortuné le sanglant héritage.

La Pologne en ce tems avoit d'un commun choix,
Sur son Trône étranger placé l'heureux VALOIS,

So

Son nom plus redouté que les plus puissans Princes,
Avoit gagné pour lui les voix de cent Provinces.

C'est un poids bien pesant qu'un nom trop tôt fameux,
VALOIS ne soutint pas ce fardeau dangereux.
Reine je parle içi sans détour & sans feinte,
Vous m'avez commandé de bannir la contrainte,
Et mon cœur qui jamais n'a sçu se déguiser,
Prêt à servir VALOIS ne sauroit l'excuser.

Sa gloire avoit passé commme une ombre legere,
Ce changement est grand, mais il est ordinaire,
On a vu plus d'un Roi, par un honteux retour,
Vainqueur dans les combats, esclave dans sa Cour.
Reine c'est dans l'esprit qu'on voit le vrai courage,
VALOIS reçut des cieux des vertus en partage,
Il est vaillant, mais foible, & moins Roi que soldat;
Il n'a de fermeté qu'en un jour de combat;
Ses honteux favoris flatant son indolence,
De son cœur à leur gré gouvernoient l'inconstance,
Au fond de son Palais avec lui renfermez,
Sourds aux cris douloureux des peuples opprimez,
Ils dictoient par sa voix leurs volontez funestes,
Des Tresors de la France ils dissipoient les restes,
Et le peuple accablé, poussant de vains soupirs,
Gémissoit

Gémissoit de leur luxe & païoit leurs plaisirs.

Tandis que sous le joug de ses maîtres avides,
VALOIS pressoit l'Etat du fardeau des subsides,
On vit paroître GUISE, & le peuple inconstant
Tourna bientôt ses yeux vers cet astre éclatant ;
Sa valeur, ses exploits, la gloire de son pere,
Sa grace, sa beauté, cet heureux don de plaire,
Qui mieux que la vertu sçait régner sur les cœurs,
Attiroient tous les vœux par leurs charmes vainqueurs.

Nul ne sçut mieux que lui le grand art de séduire,
Nul sur ses passions n'eut jamais plus d'empire,
Et ne sçut mieux cacher sous des dehors trompeurs,
Des plus vastes desseins, les sombres profondeurs,
Altier, imperieux, mais simple & populaire,
Des peuples en public il plaignoit la misere,
Detestoit des impots le fardeau rigoureux,
Le pauvre alloit le voir & revenoit heureux ;
Souvent il prevenoit la timide indigence,
Ses bienfaits dans Paris annonçoient sa présence ;
Il savoit captiver les Grands qu'il haïssoit,
Terrible & sans retour alors qu'il offensoit,
Téméraire en ses vœux souple en ses artifices,
Brillant par ses vertus & même par ses vices.

Con-

Connoissant les périls, & ne redoutant rien;
Heureux Guerrier, grand Prince & mauvais Citoïen.

Quand il eut quelque-tems essaïé sa puissance,
Et du peuple aveuglé cru fixer l'inconstance,
Il ne se cacha plus & vint ouvertement,
Du Trône de son Roi briser le fondement;
Il forma dans Paris cette ligue funeste,
Qui bientôt de la France infecta tout le reste,
Monstre affreux qu'ont nourri les peuples & les
　　　　　Grands,
Engraissé de carnage & fertile en tirans.

La France dans son sein vit alors deux Monarques;
L'un n'en possedoit plus que les frivoles marques,
L'autre portant par tout l'esperance & l'effroi,
A peine avoit besoin du vain titre de Roi.

Valois se réveilla du sein de son yvresse;
Ce bruit, cet apareil, ce danger qui le presse,
Ouvrirent un moment ses yeux apesantis;
Mais du jour importun ses regards éblouis,
Ne distinguerent point au fort de la tempête,
Les foudres menaçans qui grondoient sur sa tête;
Et bientôt fatigué d'un moment de réveil,

Las

Las & se rejettant dans les bras du sommeil,
Entre ses favoris & parmi les délices,
Tranquile il s'endormit au bord des précipices.

Je lui restois encore & tout prêt de périr,
Il n'avoit plus que moi qui pût le secourir;
Héritier après lui du Trône de la France,
Mon bras sans balancer voloit à sa deffense.
J'offrois à sa foiblesse un nécessaire apui,
Je voulois le sauver ou me perdre avec lui.

Mais GUISE trop habile & trop savant à nuire,
L'un par l'autre en secret songeoit à nous détruire;
Que dis-je, il obligea VALOIS à se priver
De l'unique soutien qui le pouvoit sauver.

De la Religion le pretexte ordinaire,
Fut un voile honorable à cet affreux mistere;
Par sa feinte vertu tout le peuple échauffé,
Ranima son couroux encore mal étouffé;
Il leur representoit le culte de leurs peres,
Les derniers attentats des sectes étrangeres;
Me peignoit ennemi de l'Eglise & de Dieu;
Il porte disoit-il, ses erreurs en tous lieux;
Sur vos Temples détruits il va fonder ses temples,
Vous verrez dans Paris ses prêches criminels,

Tous

Tout le peuple à ces mots trembla pour ses Autels,
Jusqu'au Palais du Roi l'allarme en est portée,
La Ligue qui feignoit d'en être épouvantée,
Vient de la part de Rome annoncer à son Roi,
Que Rome lui défend de s'unir avec moi.
Hélas ! le Roi trop foible obéït sans murmure,
Et lorsque je volois pour vanger son injure ;
J'aprens que mon beau-frere, à la Ligue soumis,
S'unissoit pour me perdre avec ses ennemis,
De Soldats malgré lui couvroit déja la terre,
Et par timidité me déclaroit la guerre.

Je plaignis sa foiblesse, & sans rien ménager,
Je courus le combatre au lieu de le vanger ;
De la Ligue en cent lieux les villes allarmées,
Contre moi dans la France enfantoient des armées ;
Joyeuse & Matignon prêts à se signaler,
Se disputoient tous deux l'honneur de m'accabler.

Guise dont la prudence égaloit le courage,
A tous mes alliez disputoit le passage,
D'armes & d'ennemis pressé de toutes parts,
Je les défiai tous & tentai les hasards.
L'arbitre des combats à mes armes propices,

De ma cauſe en ce jour protegea la juſtice,
Je combatis Joyeuſe, il fut vaincu, mon bras
Lui fit mordre la poudre aux plaines de Coutras;
Et ma brave nobleſſe à vaincre acoutumée,
Diſſipa devant moi cette innombrable armée.

De tous les favoris qu'idolatroit VALOIS,
Qui flâtoient ſa moleſſe & lui donnoient des loix.
Joyeuſe né d'un ſang chez les François inſigne
D'une faveur ſi haute, étoit le moins indigne,
Il avoit des vertus, & ſi de ſes beaux jours,
La Parque en ce combat n'eût abregé le cours,
Peut-être aux grands emplois ſon ame accoutumée,
Auroit de Guiſe un jour atteint la renommée.

Mais nourri juſqu'alors au milieu de la Cour,
Dans le ſein des plaiſirs, dans les bras de l'Amour;
Il n'eût à m'opoſer qu'un aveugle courage,
Dans un chef orgueilleux, dangereux avantage,
Mille jeunes guerriers attachez à ſon ſort,
Du ſein des voluptez s'avançoient à la mort.
Cent chifres amoureux, gages de leurs tendreſſes,
Traçoient ſur leurs habits les noms de leurs maîtreſſes;
Leurs Armes éclatoient du feu des diamans,

De

De leurs bras énervez frivoles ornemens ;
Ardens, tumultueux, privez d'experience ;
Ils portoient aux combats leur superbe imprudence.
Orgueilleux de leur pompe & fiers d'un camp nom-
   breux,
Sans ordre ils s'avançoient d'un pas impétueux.

 D'un éclat different mon camp frapoit leur vûë,
Mon armée en silence à leurs yeux étenduë,
N'offroit de tous côtez que farouches soldats ;
Endurcis aux travaux, vieillis dans les combats ;
Accoutumez au sang & couverts de blessures,
Leur fer & leurs mousquets composoient leurs parures :
Comme eux vétus sans pompe armé de fer comme eux
Je conduisois aux coups leurs escadrons poudreux ;
Comme eux de mille morts affrontant la tempête,
Je n'étois distingué qu'en marchant à leur tête.
Je vis nos ennemis vaincus & renversez,
Sous nos coups expirans, devant nous dispersez,
A regret dans leur sein j'enfonçois cette épée,
Qui du sang Espagnol eut été mieux trempée.

 Il le faut avoüer, parmi ces Courtisans,
Que moissonna le fer en la fleur de leurs ans,
Aucun ne fut percé, que de coups honorables !
         Tous

Tous fermes dans leur poste & tous inébranlables ;
Ils voïoient devant eux avancer le trépas,
Sans détourner les yeux sans reculer d'un pas.
Des Courtisans François, tel est le caractere,
La paix n'amolit point leur valeur ordinaire,
De l'ombre du repos, ils volent aux hazards,
Vils flâteurs à la cour, héros aux champs de Mars.

Mais pourquoi rapeler cette triste victoire ;
Que ne puis-je plûtôt ravir à la mémoire,
Des succès trop heureux déplorez tant de fois ;
Mon bras n'est encore teint que du sang des François ;
Ma grandeur à ce prix n'a point pour moi de charmes ;
Et mes Lauriers sanglans sont baignez de mes larmes.

Ce malheureux combat ne fit qu'aprofondir,
L'abime dont valois vouloit envain sortir,
Il fut plus méprisé quand on vit sa disgrace,
Paris fut moins soumis la Ligue eut plus d'audace ;
Il eut même à souffrir pour comble de douleur,
Et la gloire de GUISE & son propre malheur.

Guise dans Vimori, d'une main plus heureuse,
Vengea sur les Germains la perte de Joyeuse,
Accabla dans Auneau mes alliez surpris,

Et

Et couverts de Lauriers se montra dans Paris,
Ce vainqueur y parut comme un Dieu tutelaire ;
VALOIS vit triompher son superbe adversaire,
Qui toûjours insultant à ce prince abatu,
Sembloit l'avoir servi moins que l'avoir vaincu.

La honte irrite enfin le plus foible courage,
L'insensible VALOIS ressentit cet outrage ;
Il voulut d'un sujet réprimant la fierté,
Essaïer dans Paris sa foible autorité.
Il n'en étoit plus tems, la tendresse & la crainte
Pour lui dans tous les cœurs étoit alors éteinte ;
Son peuple audacieux prompt à se mutiner,
Le prit pour un Tiran dès qu'il voulut régner.

On s'assemble, on conspire, on répand les allarmes,
Tout Bourgeois est Soldat, tout Paris est en armes ;
Mille ramparts naissants qu'un instant a formez,
Menacent de VALOIS, les Gardes enfermez.

Guise tranquile & fier au milieu de l'orage,
Précipitoit du peuple ou retenoit la rage,
De la sédition gouvernoit les ressorts,
Et faisoit à son gré mouvoir ce vaste corps.

Tout le peuple au Palais couroit avec furie,

Si Guise eut dit un mot, VALOIS étoit sans vie,
Mais lorsque d'un coup d'œil il pouvoit l'acabler,
Il parut satisfait de l'avoir fait trembler,
Et des mutins lui même arrêtant la poursuite,
Lui laissa par pitié le pouvoir de la fuite ;
Enfin Guise attenta quelque fut son projet,
Trop peu pour un Titan, mais trop pour un sujet.

Quiconque a pu forcer son monarque à le craindre,
A tout à redouter s'il ne veut tout enfraindre.

Guise en ses grands desseins, dès ce jour affermi,
Vit qu'il n'étoit plus tems d'offenser à demi,
Et qu'élevé si haut, mais sur un précipice,
S'il ne montoit au Trône il marchoit au suplice ;
Enfin maître absolu d'un peuple révolté,
Le cœur plein d'esperance & de témerité,
Apuïé des Romains, secouru des Iberes,
Adoré des François, secondé de ses freres.
A Ce sujet orguëilleux crut ramener ces tems,
Où de nos premiers Rois les lâches descendans,
Déchus presque en naissant de leur pouvoir suprême,
Sous un froc odieux cachoient leur Diademe ;
Et dans l'ombre d'un Cloître en secret gémissans,
Abandonnoient l'Empire aux mains de leurs Tirans.

VALOIS

VALOIS, qui cependant differoit sa vengeance,
Tenoit alors dans Blois les Etats de la France :
Peut-être on vous a dit quels furent ces Etats,
On proposa des loix qu'on n'executa pas ;
De mille Députez l'éloquence sterile,
Y fit de nos abus un détail inutile ;
Car de tant de conseils l'effet le plus commun,
Est de voir tous nos maux sans en soulager un.

Au milieu des Etats Guise avec arrogance,
De son Prince offensé vint braver la presence,
S'assit auprès du Trône & sûr de ses projets,
Crut dans ses Députez voir autant de Sujets.

Déja leur troupe indigne à son Tiran venduë,
Alloit mettre en ses mains la puissance absoluë ;
Lorsque las de le craindre & las de l'épargner,
VALOIS voulut enfin se venger & regner.
Son Rival chaque jour soigneux de lui déplaire,
Dédaigneux ennemi méprisoit sa colere,
Ne soupçonnant pas même en ce Prince irrité,
Pour un assassinat assez de fermeté ;
Son destin l'aveugloit, son heure étoit venuë,
Le Roi le fit lui-même immoler à sa vuë,

De cent coups de poignard indignement percé,
Son orgüeil en mourant ne fut point abaissé ;
Et ce front que VALOIS craignoit encore peut-être,
Tout pâle & tout sanglant sembloit braver son maître.
C'est ainsi que mourut ce Sujet tout puissant,
De vices, de vertus, assemblage éclatant ;
VALOIS dont il ravit l'autorité suprême,
Le souffrit lâchement & s'en vengea de même.

Bientôt ce bruit affreux se répand dans Paris,
Le peuple épouvanté remplit l'air de ses cris,
Les vieillards desolez, les femmes éperduës,
Vont de malheureux Guise embrasser les statuës.
Tout Paris croit avoir en ce pressant danger,
L'Eglise à soutenir & son pere à venger ;
De Guise au milieu d'eux le redoutable frere,
Maïenne à la vengeance anime leur colere,
Et plus par intérêts que par ressentiment,
Il allume en cent lieux ce grand embrasement.

Maïenne dès long-tems nourri dans les allarmes,
Sous le superbe Guise avoit porté les armes ;
Mais Paris occupé d'un nom si glorieux,
Sur un chef moins connu n'arrêtoit point ses yeux ;
Et ce Guerrier si craint que tout un peuple adore,

Si

Si Guise étoit vivant ne seroit rien encore.

Il succede à sa gloire ainsi qu'à ses desseins;
Le Sceptre de la Ligue a passé dans ses mains.
Cette Grandeur sans borne à ses desirs si chére,
Le console aisément de la perte d'un frere;
Il servoit à regret, & Maïenne aujourd'hui
Aime mieux le venger que de marcher sous lui.

Maïenne a, je l'avoüe, un courage héroïque,
Il fait par une heureuse & sage Politique
Réünir sous ses loix mille esprits differens,
Ennemis de leur Maître, esclaves des Tirans;
Mais souvent il se trompe à force de prudence,
Il est irrésolu par trop de prévoïance,
Moins agissant qu'habile & souvent la lenteur
Dérobe à son parti les fruits de sa valeur.

Voilà quel est Maïenne & qu'elle est sa puissance.
Cependant l'ennemi du pouvoir de la France,
L'ennemi de l'Europe & le vôtre & le mien,
Ce Roi dont l'artifice est le plus grand soutien,
Philippe avec ardeur embrassant sa querelle,
Soutient des révoltez la cause criminelle;
Et Rome qui devoit étouffer tant de maux

G Rome

Rome de la discorde allume les flambeaux ;
Celui qui des Chrétiens se dit encore le pere,
Met aux mains de ses fils un glaive sanguinaire.

Des deux bouts de l'Europe, à mes regards surpris,
Tous les malheurs ensemble acourent dans Paris,
Enfin Roi sans Sujets, poursulvi sans deffense,
VALOIS s'est vu forcé d'implorer ma puissance.
Il m'a cru genereux & ne s'est point trompé ,
Des malheurs de l'Etat mon cœur s'est occupé ;
Un danger si pressant a flechi ma colere,
Je n'ai plus dans VALOIS regardé qu'un beau-frere ;
Mon devoir l'ordonnoit j'en ai subi la loi,
Et Roi j'ai deffendu l'autorité d'un Roi.

Je suis venu vers lui sans traité, sans otage,
Votre sort, ai-je dit, est dans votre courage ;
Venez mourir ou vaincre aux ramparts de Paris ;
Alors un noble orgüeil a rémpli ses esprits ;
Je ne me flâte point d'avoir pu dans son ame,
Verser par mon exemple une si belle flâme ;
Sa disgrace a sans doute éveillé sa vertu,
Il gémit du repos qui l'avoit abatu ;
VALOIS avoit besoin d'un destin si contraire,
Et souvent l'infortune aux Rois est nécessaire.

Tels

Tels étoient de HENRY les sinceres discours;
Des Anglois cependant il presse le secours;
Déja du haut des Murs de la Ville rebelle,
La voix de la Victoire en son Camp le rapelle.

Partez lui dit la Reine, allez jeune Héros,
Mes Guerriers sur vos pas traverseront les flots,
Ce n'est point votre Roi c'est vous qu'ils veulent suivre,
A vos soins génereux mon amitié les livre,
Au milieu des combats vous les verrez courir,
Plus pour vous imiter que pour vous secourir :
Formez par votre exemple au grand art de la Guerre,
Ils aprendront sous vous à servir l'Angleterre,
Puisse bientôt la Ligue expirer sous vos coups,
L'Espagne sert Maïenne & Rome est contre vous,
Allez vaincre l'Espagne & songez qu'un grand homme,
Ne doit point redouter les vains foudres de Rome.

Allez des Nations venger la liberté,
De SIXTE (1) & de PHILIPPE (2) abaissez la fierté.

---

(1) SIXTE V. Pape avoit osé excommunier le Roi de France & surtout HENRY IV. alors Roi de Navarre.
(2) PHILIPPE II. Roi d'Espagne, Grand Protecteur de la Ligue.

PHILIPPE de son pere héritier tirannique,
Moins grand, moins courageux, & non moins politique,
Divisant ses voisins pour leur donner des fers,
Du fond de son Palais croit dompter l'Univers.

SIXTE au Trône élevé du sein de la poussiere,
Avec moins de puissance a l'ame encore plus fiere;
Le Pastre de Montalte est le rival des Rois,
Dans Paris comme à Rome il veut donner des loix :
Sous le pompeux éclat d'un triple Diademe,
Il pense asservir tout jusqu'à Philippes même,
Violent, mais adroit, dissimulé, trompeur,
Ennemi des puissans, des foibles oppresseur.
Dans Londres, dans ma Cour il a formé des brigues,
Et l'Univers qu'il trompe est plein de ses intrigues.

Voilà les ennemis que vous devez braver,
Contre moi l'un & l'autre oserent s'élever ;
L'un combatant en vain l'Anglois & les orages,
Fit voir à l'Ocean sa fuite & ses naufrages ;
Du sang de ses Guerriers ce bord est encor teint,
L'autre se tait dans Rome & m'estime & me craint.

Suivez

Suivez donc à leurs yeux vôtre noble entreprise;
Si Maïenne est vaincu Rome sera soumise;
Vous seul pouvez régler sa haine ou ses faveurs,
Inflexible aux vaincus, complaisante aux vainqueurs;
Prête à vous condamner facile à vous absoudre,
C'est à vous d'allumer ou d'éteindre sa foudre.

QUATRIÉME CHANT.

TAndis que poursuivant leurs entretiens se-
crets,
Et pesant à loisir de si grands intérêts,
Ils épuisoient tous deux la science profonde,
De combatre, de vaincre & de régir le monde;
La Seine avec effroi voit sur ses bords sanglants,
Les Drapeaux de la Ligue abandonnez aux vents.

VALOIS loin de HENRY rempli d'inquiétude,
Du destin des Combats craignoit l'incertitude,
A ses desseins flottans il falloit un apui,
Il attendoit BOURBON, sûr de vaincre avec lui,
Par ces retardemens les Ligueurs s'enhardirent,
Des portes de Paris leurs legions sortirent ;
Nemours, Aumale, Elbeuf & Villars & Brissac,
La Chatre, Boisdauphin, S. Paul & Canillac,
D'un coupable parti deffenseurs intrépides,
Epouvantoient VALOIS de leurs succès rapides.

Et

Et ce Roi trop souvent sujet au repentir,
Regrettoit le Héros qu'il avoit fait partir.

Soudain pareil aux feux dont l'éclat fend la nüe,
HENRY vole à Paris d'une course imprévûë,
La Fureur dans les yeux & la mort dans les mains,
Il arrive, il combat, il change les destins ;
Il met Aumale en fuite il fait tomber Saveuse.

Bouflers, où courez-vous trop jeune audacieux,
Ne cherchez point la mort qui s'avance à vos yeux ;
Respectez de HENRY la valeur invincible,
Mais il tombe déja sous cette main terrible,
Ses beaux yeux sont noyez dans l'ombre du trépas,
Et son sang qui le couvre efface ses apas ;
Telle une tendre fleur qu'un matin voit éclore,
Des baisers du Zephire & des pleurs de l'Aurore,
Tombe aux premiers efforts de l'orage & des vents,
Dont le souffle ennemi vient ravager nos champs.

C'est en vain que Maïenne arrête sur ces rives,
De ses Soldats tremblans les troupes fugitives ;
C'est en vain que sa voix les rapelle aux combats,
La voix du Grand HENRY précipite leurs pas,
De son front menaçant la terreur les renverse,

La

La fureur les a joints, la crainte les disperse,
Et Maïenne avec eux dans leur fuite emporté,
Suit bientôt dans Paris ce peuple épouvanté.

HENRY sçait profiter de ce grand avantage,
Dont le fort des combats honora son courage,
Des momens qu'on differe, il connoit tout le prix;
Il presse au même instant ses ennemis surpris;
Il veut que les assauts succedent aux batailles,
Il fait tracer leur perte autour de leurs murailles;
VALOIS plein d'esperance & fort d'un tel apui,
Donne aux Soldats l'exemple & le reçoit de lui;
Il soutient les travaux, il brave les allarmes,
La peine à ses plaisirs, le péril à ses charmes.
Tous les Chefs sont unis, tout succede à leurs vœux,
Et bientôt la terreur qui marche devant eux,
Des assiegez tremblans dissipant les cohortes,
A leurs yeux éperdus alloit briser leurs portes.

Que feras-tu Maïenne en ce péril pressant?
Maïenne a pour soldats un peuple gémissant;
Ici la fille en pleurs lui redemande un pere,
Là le frere effraïé pleure au tombeau d'un frere;
Chacun plaint le present & craint pour l'avenir,

H   Ce

Ce grand corps allarmé ne peut se réünir ;
On s'assemble, on consulte, on veut fuir, ou se rendre;
Tous sont irrésolus, nul ne veut se deffendre.

Où sont ces grands Guerriers, ces fiers soûtiens des
  loix,
Ces Ligueurs redoutez qui font trembler les Rois ?
Paris n'a dans son sein que de lâches complices,
Qu'a déja fait pâlir la crainte des suplices ;
Tant le foible vulgaire avec legereté,
Fait succeder la peur à la temerité.

Maïenne en fremissant voit leur troupe éperduë ;
Cent desseins partageoient son ame irrésoluë,
Quand soudain la discorde aborde ce Héros,
Fait sifler ses serpens & lui parle en ces mots.

Digne héritier d'un nom redoutable à la France,
Toi qu'unit avec moi le soin de ta vengeance,
Toi nourri sous mes yeux & formé sous mes loix,
Entend ta protectrice & reconnois ma voix,
Ne crains rien de ce peuple imbecile & volage,
Dont un foible malheur a glacé le courage ;
Leurs esprits sont à moi, leurs cœurs sont dans mes
  mains,

Tu

Tu les verras bientôt secondant nos desseins ;
De mon fiel abreuvez à mes fureurs en proïe,
Combatre avec audace & mourir avec joïe.

La discorde aussitôt plus prompte qu'un éclair,
Fend d'un vol assuré les campagnes de l'air,
Par-tout chez les François le trouble & les allarmes,
Presentent à ses yeux des objets pleins de charmes ;
Son haleine en cent lieux répand l'aridité,
Le fruit meurt en naissant dans son germe infecté,
Les épics renversez sur la terre languissent,
Le Ciel s'en obscurcit, les Astres en palissent ;
Et la foudre en éclats qui gronde sous ses pieds,
Semble annoncer la mort aux peuples effraïez.

Un tourbillon la porte à ces rives fécondes,
Que le Tibre enrichit du tribut de ses ondes.

Rome enfin se découvre à ses regards cruels ;
Rome jadis son temple & l'effroi des mortels,
Rome dont le destin dans la paix, dans la guerre,
Est d'être en tous les tems maîtresse de la terre.
Par le sort des combats on la vit autrefois,
Sur leurs Trônes sanglans enchaîner tous les Rois.
L'Univers fléchissoit sous son aigle terrible,

H 2   Elle

Elle exerce en nos jours un pouvoir plus paifible ;
Elle a fû fous fon joug affervir fes vainqueurs,
Gouverner les efprits, & commander aux cœurs ;
Ses avis font fes loix, fes decrets font fes armes.

Près de ce Capitole où régnoient tant d'allarmes ;
Sur les pompeux débris de Bellone & de Mars,
Un Pontife eft affis au Trône des Cefars,
Des Prêtres fortunez foulent d'un pied tranquile ;
Les Tombeaux des Catons & la cendre d'Emile ;
Le Trône eft fur l'Autel, & l'abfolu pouvoir,
Met dans les mêmes mains le Sceptre & l'encenfoir.

C'eft delà que le Dieu qui pour nous voulut naître,
S'explique aux Nations par la voix du grand Prêtre ;
Là fon premier difciple avec la verité,
Conduifit la candeur & la fimplicité ;
Mais Rome avoit perdu fa trace Apoftolique.

Alors au Vatican régnoit la politique ;
Fille de l'intérêt & de l'ambition,
Dont nâquirent la fraude & la feduction,
Ce Monftre ingénieux en détours fi fertile ;
Accablé de foucis paroit fimple & tranquile ;
Ses yeux creux & perçans ennemis du repos,

Jamais

Jamais du doux sommeil n'ont senti les pavots ;
Par cent déguisemens à toute heure elle abuse,
Les regards éblouïs de l'Europe confuse,
Toujours l'autorité lui prête un prompt secours ;
Le mensonge subtil régne en tous ses discours,
Et pour mieux déguiser son artifice extrême,
Elle emprunte la voix de la verité même.

A peine la discorde avoit frapé ses yeux ;
Elle court dans ses bras d'un air misterieux ;
Avec un ris malin la flâte, la caresse,
Puis prenant tout-à-coup un ton plein de tristesse ;
Je ne suis plus, dit-elle, en ces tems bienheureux,
Où les peuples séduits me presentoient leurs vœux,
Où la crédule Europe à mon pouvoir soumise,
Confondoit dans mes loix, les loix de son Eglise ;
Je parlois & soudain les Rois humiliez,
Du Trône en fremissant décendoient à mes pieds ;
Sur la terre à mon gré ma voix souffloit les guerres,
Du haut du Vatican je lançois les tonnerres.
Je tenois dans mes mains la vie & le trépas ;
Je donnois, j'enlevois, je rendois les Etats.
Cet heureux tems n'est plus le Sénat de la France,
Eteint presque en mes mains les foudres que je lance.

Plein

Plein d'amour pour l'Eglife & pour moi plein d'hor-
 reur,
Il ôte aux Nations le bandeau de l'erreur ;
C'eft lui qui le premier demafquant mon vifage,
Vengea la verité dont j'empruntois l'image ;
Que ne puis-je, ô ! Difcorde, ardente à te fervir,
Le féduire lui-même, ou du moins le punir ;
Allons qu'à tes flambeaux je rallume ma foudre,
Que le Trône François tombe réduit en poudre,
Que nos poifons unis infectent l'Univers,
Elle dit & foudain s'élance dans les airs.

 Ces Monftres à l'inftant penetrent un azile,
Où la Religion folitaire tranquile ;
Sans pompe & fans éclat, belle de fa beauté,
Paffoit dans la priere & dans l'humilité,
Des jours qu'elle dérobe à la foule importune,
De ceux qui fous fon nom n'aiment que la fortune ;
Son ame pour HENRY brûloit d'un faint amour,
Cette fille des Cieux fait qu'elle doit un jour ;
Vengeant de fes Autels le culte légitime,
Adopter pour fon fils ce Héros Magnanime,
Elle l'en croïoit digne & fes ardens foupirs,
Hatoient cet heureux tems trop lent pour fes defirs.
 Soudain

Soudain la politique & la discorde impie,
Surprennent en secret leur Auguste ennemie;
Sur son modeste front, sur ses charmes divins,
Ils portent sans fremir leurs sacrileges mains,
Prennent ses vêtemens, & fiers de cette injure,
De ses voiles sacrez ornent leur tête impure;
C'en est fait & déja leurs malignes fureurs,
Dans Paris éperdu vont changer tous les cœurs.

D'un air insinuant, l'adroite politique,
Penetre au vaste sein de la * Sorbonne antique;
Elle y voit à grands flots acourir ces Docteurs,
De la verité sainte éclairez deffenseurs,
Qui des peuples Chrétiens, arbitres & modeles,
A leur culte attachez, à leur Prince fideles,
Conservoient jusqu'alors une mâle vigueur,
Toûjours impenetrable aux fleches de l'erreur.

Qu'il est peu de vertu qui résiste sans cesse !
Du Monstre déguisé la voix enchanteresse,
Ebranle leurs esprits par ses discours flâteurs,
Aux plus ambitieux elle offre des grandeurs;

Par

* On sait que soixante & douze Docteurs de la Faculté de Theologie de Paris, donnerent un Decret par lequel les sujets étoient relevez du serment de fidelité envers le Roi.

Par l'éclat d'une mitre elle éblouït leur vûë ;
De l'avare en secret la voix lui fut venduë ;
Par un éloge adroit le savant enchanté,
Pour prix d'un vain encens trahit la verité.
Menacé par sa voix le foible s'intimide ;
On s'assemble en tumulte, en tumulte on décide ;
Parmi les cris confus, la dispute & le bruit,
De ces lieux en pleurant la verité s'enfuit,
On brise les liens de cette obéïssance,
Qu'aux enfans des Capets avoit juré la France.
La discorde aussitôt de sa cruelle main,
Trace en lettres de sang ce Decret inhumain.

Soudain elle s'envole & d'Eglise en Eglise,
Annonce aux factieux cette grande entreprise.
Sous l'habit d'Augustin, sous le froc de François,
Dans les Cloîtres sacrez fait entendre sa voix ;
Elle apelle à grands cris tous ces spectres austeres ;
De leur joug rigoureux esclaves volontaires,
De la Religion reconnoissez les traits,
Dit-elle ; & du très-Haut vengez les intérêts.
C'est moi qui viens à vous, c'est moi qui vous apelle ;
Ce fer qui dans mes mains à vos yeux étincelle,
Ce glaive redoutable à nos fiers ennemis,

Par

Par la main de Dieu même en la mienne est remis ;
Il est tems de sortir de l'ombre de vos Temples,
Allez d'un zele saint répandre les exemples,
Aprenez aux François, incertains de leur foi,
Que c'est servir leur Dieu que d'attaquer leur Roi ;
Songez que de Levi, la famille sacrée,
Du Ministere saint par Dieu même honorée,
Mérita cet honneur en portant à l'Autel,
Des mains teintes du sang des enfans d'Israël.

****
****

Le monstre au même instant leur donne le signal,
Et marche en déploïant son étendart fatal.

   Ils le suivent en foule & remplis de sa rage.
Dans leur zele insensé ces reclus furieux,
Pensent à leur révolte associer les cieux ;
On les entend mêler dans leurs vœux fanatiques,
Les imprecations aux prieres publiques.
Prêtres audacieux, imbeciles Soldats,
Du sabre & de l'épée ils ont chargé leurs bras,
D'une lourde cuirasse ils couvrent leurs cilices ;
Dans les murs de Paris ces indignes milices,
Suivent parmi les flots d'un peuple impetueux,
Le Dieu, ce Dieu de paix qu'on porte devant eux.

I   Maïenne

Maïenne qui de loin voit leur folle entreprise,
La méprise en secret & tout haut l'autorise ;
Il sait combien le peuple avec soumission,
Confond le fanatisme & la Religion ;
Il connoit ce grand art aux Princes néceffaire,
De nourrir la foibleffe & l'erreur du vulgaire.
A ce pieux scandale, enfin, il aplaudit,
Le sage s'en indigne & le soldat en rit ;
Mais le peuple excité jusques aux cieux envoïe
Des cris d'emportement, d'esperance & de joïe ;
Et comme à son audace a succedé la peur,
La crainte en un moment fait place à la fureur ;
Ainsi le Dieu des vents sur le sein d'Amphitrite,
Calme à son gré les flots, à son gré les irrite.

La discorde a choisi seize seditieux,
Signalez par le crime entre les factieux ;
Ministres insolens de leur Reine nouvelle,
Sur son char tout sanglant ils montent avec elle ;
L'orgueïl, la trahison, la fureur, le trépas,
Dans des ruisseaux de sang marchent devant leurs pas,
Nez dans l'obscurité, nouris dans la basseffe,
Leur haine pour les Rois leur tient lieu de nobleffe,
Et jusques sous le daix par le peuple porté,
Maïenne

Maïenne en fremissant les voit à ses côtez ;
Des jeux de la discorde ordinaires, caprices
Qui souvent rend égaux ceux qu'elle rend complices.

Dans ces jours de tumulte & de sédition,
Themis résistoit seule à la contagion,
La soif de s'agrandir, la crainte, l'esperance,
Rien n'avoit dans ses mains fait pancher sa balance ;
Son Temple étoit sans tache & la simple équité,
Auprès d'elle en fuïant cherchoit sa sureté.

Il est dans ce S. Temple un Senat vénerable,
Propice à l'Innocence, au crime redoutable,
Qui des loix de son Prince & l'organe & l'apui,
Marche d'un pas égal entre son peuple & lui ;
Dans l'équité des Rois sa juste confiance,
Souvent porte à leurs pieds les plaintes de la France ;
Le seul bien de l'Etat fait son ambition,
Il haït la Tirannie & la Rebellion ;
Toujours plein de respect, toujours plein de courage,
De la soumission distingue l'esclavage,
Et pour nos Libertez toujours prompt à s'armer,
Connoit Rome, l'honore, & la fait réprimer.

De ces seize Tirans, l'Insolente Cohorte,

I 2   De

Du Temple de Themis environne la porte,
On voïoit a leur tête un vil Gladiateur,
Monté par son audace à ce coupable honneur ;
* Il s'avance au milieu de l'Auguste Assemblée,
Par qui des Citoïens la fortune est reglée.

Magistrats, leur dit-il, qui tenez au Senat,
Non la place du Roi, mais celle de l'Etat.
Le peuple assez long-tems oprimé par vous même,
Vous instruit par ma voix de ses ordres suprêmes,
Las du joug des Capets qui l'ont tirannisé,
Il leur ôte un pouvoir dont ils ont abusé ;
Je vous deffends ici d'oser les reconnoître,
Songez que desormais le peuple est vôtre maître,
Obéïssez... ces mots prononcez fierement,
Portent dans les esprits un juste étonnement.

Le Senat indigné d'une telle insolence,
Ne pouvant la punir garde un noble silence,
La Ligue audacieuse en fremit de fureur,
Elle avoit tout séduit hors ce Senat vengeur,
Cette fermeté rare est pour elle un outrage,
Le grand Harlai sur-tout est l'objet de sa rage;
Cet organe des loix si terrible aux pervers,

* Il s'apelloit Bussi le Clerc.

Par ceux qu'il doit punir se voit chargé de fers.
On voit auprès de lui les Chefs de la Justice,
Brûlans de partager l'honneur de son suplice,
Victimes de la foi qu'on doit aux Souverains,
Tendre aux fers des Tirans leurs génereuses mains.

Muse redites moi ces noms chers à la France,
Consacrez ces Héros qu'oprima la licence ;
Le vertueux de Thou, Molé, Scaron, Bayeul,
Amelot, Blancmenil, & vous jeune Longueil.

Tout le Senat, enfin, par les seize enchaîné,
A travers un vil peuple en triomphe est mené,
* Dans cet affreux Château, Palais de la vengeance,
Qui renferma souvent le crime & l'innocence.

Ainsi ces factieux ont changé tout l'Etat,
Il n'est plus de Sorbonne, il n'est plus de Senat ;
En est-ce assez enfin pour leur rage insolente,
Ciel, ô ! Ciel ! Quel objet à mes yeux se presente,
Qui sont ces Magistrats, que la main d'un boureau,
Par l'ordre des Tirans précipite au tombeau ;
Les vertus dans Paris ont le destin des crimes,
Brisson, Larcher, Tardif, honorables victimes,

Vous

* La Bastille.

Vous n'êtes point flétris par ce honteux trépas,
Manes trop généreux, vous n'en rougissez pas,
Vos noms toujours fameux vivront dans la mémoire;
Et qui meurt pour son Roi, meurt toujours avec gloire.

Cependant la discorde au milieu des mutins,
S'aplaudit du succès de ses affreux desseins;
D'un air fier & content sa cruauté tranquile,
Contemple les effets de la Guerre Civile,
Dans ces murs tous sanglans des peuples malheureux;
Unis contre leur Prince & divisez entr'eux.
Jouets infortunez des fureurs intestines,
De leur triste Patrie avançant les ruines,
Le tumulte au-dedans, le péril au-dehors,
Et par-tout le débris, le carnage & les morts.

CINQUIÉME CHANT.

E la noblesse Angloise une nombreuse élite,
Par le vaillant Essex en nos climats conduite,
Prête à nous secourir pour la premiere fois,
S'étonnoit en marchant de servir sous nos Rois;
Ils suivoient nos Drapeaux dans les champs de Neustrie,
C'est là qu'ils soutenoient l'honneur de leur patrie,
Orgueilleux de combatre & de vaincre en des lieux,
Où la Seine autrefois vit régner leurs ayeux.

Cependant s'avançoient ces machines mortelles,
Qui portoient dans leur sein la perte des rebelles;
Et le fer & le feu volans de toutes parts,
De cent bouches d'airain foudroïoient leurs ramparts.

Les seize & leur couroux, Maïenne & sa prudence,
D'un peuple mutiné la farouche insolence,

Des

Des Docteurs de la loi, les scandaleux discours,
Contre le Grand Henry, n'étoient qu'un vain secours ;
La Victoire à grands pas s'aprochoit sur ses traces,
Rome & le Roi Philippe éclatoient en menaces ;
Mais Rome n'étoit plus terrible à l'Univers,
Ses foudres impuissans se perdoient dans les airs,
Et du vieux Castillan, la lenteur ordinaire.
Privoit les assiegez d'un secours nécessaire ;
Les Soldats dans la France errants de tous côtez,
Sans secourir Paris desoloient nos Citez,
Le perfide attendoit que la Ligue épuisée,
Pût offrir à son bras une conquête aisée,
Et l'apui dangereux de sa fausse amitié,
Leur préparoit un maître au lieu d'un allié ;
Lorsque d'un furieux la main déterminée,
Sembla pour quelque-tems changer la destinée.

Vous des murs de Paris tranquiles habitans,
Que le Ciel a fait naître en de plus heureux tems,
Pardonnez si ma main retrace à la mémoire,
De vos ayeux séduits la criminelle histoire,
L'horreur de leurs forfaits ne s'étend point sur vous,
Votre amour pour vos Rois les a réparez tous.

L'Eglise

L'Eglise a de tout tems produit des solitaires,
Qui rassemblez entr'eux sous des regles severes,
Et distinguez en tout du reste des mortels,
Se consacroient à Dieu par des vœux solemnels.

Les uns sont demeurez dans une paix profonde,
Toujours inaccessible aux vains attraits du monde.
Jaloux de ce repos qu'on ne peut leur ravir,
Ils ont fui les humains qu'ils auroient pu servir.

Les autres à l'Etat rendus plus nécessaires,
Ont éclairé l'Eglise, ont monté dans les chaires ;
Mais souvent enyvrez de ces talens flâteurs,
Répandus dans le siecle, ils en ont pris les mœurs,
Leur sourde ambition n'ignore point les brigues,
Souvent plus d'un païs s'est plaint de leurs intrigues ;
Ainsi chez les humains par un abus fatal,
Le bien le plus parfait est la source du mal.

Ceux qui de Dominique ont embrassé la vie,
Ont vû long-tems leur gloire en Espagne établie,
Et de l'obscurité des plus humbles emplois,
Ont passé tout-à-coup dans les Palais des Rois.

Avec non moins de zele & bien moins de puissance,
Cet ordre si fameux fleurissoit dans la France:

K   Protegé

Protegé par les Rois, paisible, heureux, enfin
Si le traître CLEMENT n'eût été dans son sein.

B CLEMENT dans la retraite avoit dès son jeune âge,
Porté les noirs accès d'une vertu sauvage,
Esprit foible & credule en sa dévotion,
Il suivoit le torrent de la rebellion ;
Sur ce jeune insensé la discorde fatale,
Répandit le venin de sa bouche infernale ;
Prosterné chaque jour aux pieds des saints Autels,
Il fatiguoit les Cieux de ses vœux criminels.
On dit que tout soüillé de cendre & de poussiere,
Un jour il prononça cette horrible priere.

Dieu protecteur des Rois, Dieu vengeur des Tirans,
Te verra-t-on sans cesse accabler tes enfans,
Et d'un Roi qui t'outrage armant les mains impures,
Favoriser le meurtre & benir les parjures.
Grand Dieu ! par tes fleaux c'est trop nous éprouver,
Contre tes ennemis daigne enfin t'élever,
Détourne loin de nous la mort & la misere,
Délivre nous d'un Roi donné dans ta colere ;
Viens, des Cieux enflâmez, abaisse la hauteur,
Fais marcher devant toi l'Ange exterminateur,
        Descends

Descends, & d'une main de cent foudres armée,
Frape, écrase à nos yeux leur sacrilege armée,
Que les Chefs, les Soldats, les deux Rois expirans,
Tombent comme la feüille, éparse au gré des vents,
Et que sauvez par toi nos Ligueurs Catholiques,
Sur leurs corps tous sanglans t'adressent leurs Canti-
    ques.

La discorde attentive en traversant les airs,
Entend ces cris affreux & les porte aux enfers,
Les enfers sont émus de ces accens funebres ;
Un monstre en ce moment sort du fond des tenebres,
Monstre qui de l'abîme & de ses noirs Démons,
Réünit dans son sein la rage & les poisons ;
Cet enfant de la nuit, fecond en artifices,
Sait ternir les vertus, sait embellir les vices,
Sait donner par l'éclat de ses pinceaux trompeurs,
Aux forfaits les plus grands, les plus nobles couleurs ;
C'est lui qui sous la cendre & couvert du cilice,
Saintement aux mortels enseignent l'injustice.

Toujours il revêtoit dans ses déguisemens,
Des Ministres des Cieux les Sacrez ornemens ;
Mais il prit cette fois dans la nuit éternelle,

K 2   pour

Pour des crimes nouveaux une forme nouvelle,
L'audace & l'artifice en firent les aprêts ;
Il emprunte de Guise & la taille & les traits,
De ce superbe Guise en qui l'on vit paroître,
Le Tiran de l'Etat & le Roi de son Maître,
Et qui toujours puissant, même après son trépas,
Traînoit encore la France à l'horreur des combats ;
D'un casque redoutable il a chargé sa tête,
Un glaive est dans sa main au meurtre toujours prête,
Son flanc même est percé des coups dont autrefois
Ce Héros factieux fut massacré dans Blois ;
Et la voix de son sang qui coule en abondance,
Semble accuser Valois & demander vengeance.

Ce fut dans ce terrible & lugubre apareil,
Qu'au milieu des Pavots que verse le sommeil ;
Il vint trouver Clement au fond de sa retraite,
La superstition, la cabale inquiète,
Le faux zele enflâmé d'un couroux éclatant,
Veilloient tous à sa porte & l'ouvrent à l'instant,
Il entre, & d'une voix majestueuse & fiere,
Dieu reçoit, lui dit-il, tes vœux & ta priere ;
Mais n'aura-t-il de toi pour culte & pour encens,
Qu'une plainte éternelle & des vœux impuissans ;

A4

Au Dieu, que sert la Ligue, il faut d'autres offrandes,
Il exige de toi les dons que tu demandes ;
Si Judith autrefois pour sauver son païs,
N'eût offert à son Dieu que des pleurs & des cris,
Si craignant pour les siens elle eut craint pour sa vie,
Judith eut vû tomber les murs de Bethulie,
Voilà les saints exploits que tu dois imiter,
Voilà l'offrande, enfin, que tu dois presenter,
Mais tu rougis déja de l'avoir differée,
Cours, vole, & que ta main dans le sang consacrée,
Délivrant les François de leur indigne Roi,
Venge Paris & Rome & l'Univers & moi.
Par un assassinat VALOIS trencha ma vie,
Il faut du même coup punir sa perfidie ;
Mais du nom d'assassin ne prens aucun effroi ;
Ce qui fut crime en lui, sera vertu dans toi,
Tout devient legitime à qui venge l'Eglise,
Le meurtre est juste alors & le Ciel l'autorise,
Que dis-je, il le commande, il t'instruit par ma voix,
Qu'il a choisi ton bras pour la mort de VALOIS;
Heureux si tu pouvois consommant sa vengeance,
Joindre le Navarois au Tiran de la France,
Et si de ces deux Rois tes Citoïens sauvez,

Te

Te pouvoient.. mais les tems ne sont pas arrivez;
HENRY doit vivre encor & Dieu qu'il persecute,
Réserve à d'autres mains la gloire de sa chute.
Toi de ce Dieu jaloux, remplis les grands desseins,
Et reçois ce present qu'il te fait par mes mains.

Le Fantome à ces mots fait briller une épée,
Qu'aux infernales eaux la haine avoit trempée;
Dans la main de CLEMENT il met ce don fatal;
Il fuit & se replonge au séjour infernal.

Trop aisément trompé le jeune solitaire
Des intérêts des Cieux se crut dépositaire,
Il baise avec respect ce funeste present,
Il implore à genoux le bras du tout puissant;
Et plein du monstre affreux dont la fureur le guide,
D'un air sanctifié s'aprête au parricide.

Combien le cœur de l'homme est soumis à l'erreur,
CLEMENT goûtoit alors un paisible bonheur,
Il étoit animé de cette confiance,
Qui dans le cœur des saints affermit l'innocence;
Sa tranquile fureur marche les yeux baissez,
Ses sacrileges vœux au Ciel sont adressez;
Son front de la vertu porte l'empreinte austere,

Et

Et son fer parricide est caché sous sa haire;
Il marche, ses amis instruits de son dessein,
Et de fleurs sous ses pas parfumant son chemin;
Remplis d'un saint respect aux portes le conduisent;
Placent déja son nom parmi les noms sacrez,
Dans les fastes de Rome à jamais reverez,
Le nomment à grands cris le vengeur de la France,
Et l'encens à la main l'invoquent par avance.

 C'est avec moins d'ardeur, avec moins de transport,
Que les premiers Chrétiens avides de la mort,
Intrépides soutiens de la foi de leurs peres,
Au Martire autrefois accompagnoient leurs freres;
Envoïoient les douceurs de leur heureux trépas,
Et baisoient en pleurant les traces de leurs pas.

 Voilà comme à nos yeux, trop foibles que nous sommes,
Souvent les scelerats ressemblent aux grands hommes;
On ne distingue point le vrai zele & le faux,
Comme la verité, l'erreur à ses Héros,
Le fanatique impie & le Chrétien sincere,
Sont marquez quelquefois du même caractere.

 Maïenne dont les yeux savent tout éclairer,

Voit

Voit le coup qu'on prépare & feint de l'ignorer,
De ce crime odieux son prudent artifice,
Songe à cueillir le fruit sans en être complice ;
Il laisse avec adresse aux plus séditieux,
Le soin d'encourager ce jeune furieux.
Tandis que des Ligueurs, une troupe homicide,
Aux portes de Paris conduisoit le perfide.

Des seize en même-tems le sacrilege effort,
Sur tant d'évenemens interrogeoit le sort ;
Jadis de MEDICIS, l'audace curieuse,
Chercha de ces secrets la science odieuse,
Aprofondit long-tems cet art surnaturel,
Si souvent chimerique & toujours criminel ;
Tout suivit son exemple & le peuple imbecile,
Des vices de la Cour imitateur servile,
Epris du merveilleux Amant des nouveautez,
S'abandonnoit en foule à ces impietez.

Dans l'ombre de la nuit sous une voute obscure,
Le silence a conduit leur assemblée impure,
A la pâle lueur d'un magique flambeau,
S'éleve un vil Autel dressé sur un tombeau ;
Là sont les instrumens de ces sombres misteres,

Des

Des métaux conſtellez, d'inconnus caracteres;
Des vaſes pleins de ſang & des ſerpens affreux,
Le Prêtre de ce Temple eſt un de ces Hébreux;
Qui proſcrits ſur la terre & Citoïens du monde,
Vont porter en tous lieux leur miſere profonde,
Et d'un antique amas de ſuperſtitions,
Ont rempli dès long-tems toutes les Nations.

Aux magiques accents que ſa bouche prononce,
Les Seize oſent du Ciel attendre la réponſe,
A dévoiler leur ſort, ils penſent le forcer,
Le Ciel pour les punir voulut les exaucer;
Il interrompt pour eux les loix de la nature,
De ces antres muets ſort un triſte murmure,
Mille éclairs redoublez dans la profonde nuit,
Pouſſent un jour affreux qui renaſt & qui fuit;
Au milieu de ces feux, HENRY brillant de gloire,
Aparoit à leurs yeux ſur un char de Victoire,
Des Lauriers couronnoient ſon front noble & ſerain;
Et le Scèptre des Rois éclatoit dans ſa main;
L'air s'embraſe à l'inſtant de cent coups de tonnerre,
L'Autel couvert de feux tombe & fuit ſous la terre,
Et les Seize éperdus, l'Hébreu ſaiſi d'horreur,
Vont cacher dans la nuit leur crime & leur terreur;

L   Ces

Ces Tonnerres, ces feux, ce bruit épouventable;
Annonçoient à VALOIS sa perte inévitable;
Dieu du haut de son Trône avoit compté ses jours,
Il avoit loin de lui retiré son secours;
La mort impatiente attendoit sa victime,
Et pour perdre VALOIS, Dieu permettoit un crime.

CLEMENT au camp du Prince a marché sans effroi,
Il arrive, il demande à parler à son Roi;
Il dit que dans ces lieux amené par Dieu même;
Il y vient rétablir les droits du Diademe,
Et révéler au Roi des secrets importans,
D'abord on l'interroge, on l'observe long-tems;
On craint sous cet habit un funeste mistere,
Il subit sans allarme un examen severe;
Il satisfait à tout avec simplicité,
Chacun dans ses discours croit voir la verité;
La garde aux yeux du Roi le fit enfin paroître,
L'aspect du Souverain n'étonna point ce traître,
D'un air humble & tranquile il flechit les genoux;
Il observe à loisir la place de ses coups;
Et le mensonge adroit qui conduisoit sa langue,

L ij

Lui dicta cependant sa perfide harangue.

Souffrez, dit-il, grand Roi que ma timide voix,
S'adresse au Dieu puissant qui fait régner les Rois ;
Permettez avant tout que mon cœur le benisse,
Des biens que va sur vous répandre sa Justice.
Le vertueux Daubray, le prudent Villeroy,
Parmi vos ennemis vous ont gardé leur foi ;
Harlai, le grand Harlai dont l'intrépide zele,
Fut toujours formidable à ce peuple infidele ;
Du fond de sa prison réünit tous les cœurs,
Rassemble vos sujets & confond les Ligueurs.
Dieu qui bravant toûjours les puissans & les sages,
Par la main la plus foible accomplit ses ouvrages,
Devant le grand Harlay lui même m'a conduit,
Rempli de sa lumiere & par sa bouche instruit,
J'ai volé vers mon Prince & vous rends cette Lettre,
Qu'à mes fideles mains, Harlay vient de remettre.

VALOIS reçoit la Lettre avec empressement,
Il benissoit les Cieux d'un si prompt changement ;
Quand pourrai-je, dit-il, au gré de ma justice,
Récompenser ton zele & païer ton service ;
En lui disant ces mots il lui tendoit les bras,

Le Monstre au même instant tire son coutelas,
L'en frape & dans le flanc l'enfonce avec furie,
Le sang, coule on s'étonne, on s'avance, on s'écrie,
Mille bras sont levez pour punir l'assassin,
Lui sans baisser les yeux les voit avec dédain ;
Fier de son parricide & quitte envers la France,
Il attend à genoux la mort pour récompense ;
De la France & de Rome il croit être l'apui,
Il pense voir les Cieux qui s'entr'ouvrent pour lui,
Et demandant à Dieu la palme du Martyre,
Il benit en tombant les coups dont il expire.

Aveuglement terrible ; affreuse illusion ;
Digne à la fois d'horreur & de compassion ;
Et de la mort du Roi moins coupable peut-être,
Que ces lâches Docteurs ennemis de leurs Maîtres,
Dont la voix répandant un funeste poison,
D'un foible solitaire égara la raison.

Déja VALOIS touchoit à son heure derniere,
Ses yeux ne voioient plus qu'un reste de lumiere ;
Ses Courtisans en pleurs autour de lui rangez,
Par leurs desseins divers en secret partagez ;
D'une commune voix formant les mêmes plaintes,
Exprimoient des douleurs ou sinceres ou feintes.

Quel-

Quelques-uns que flâtoit l'espoir du changement,
Du danger de leur rang s'affligeoient foiblement;
D'autres voïant périr leur fortune paffée,
Couvroient d'un zele faux leur crainte intereffée.

Parmi ce bruit confus, de plaintes, de clameurs,
HENRY vous répandiez de véritables pleurs,
Il fut vôtre ennemi, mais les cœurs nez fenfibles,
Sont aifément émus dans ces momens horribles;
Tous les reffentimens font alors effacez,
On ne fe fouvient plus de fes chagrins paffez:
Que, dis je, ce Héros fe cachoit à lui-même,
Que la mort de fon Roi lui donne un Diademe.

VALOIS tourna fur lui par un dernier effort,
Ses yeux apefantis qu'alloit fermer la mort;
Et touchant de fa main fes mains victorieufes,
Retenez, lui dit-il, vos larmes généreufes;
L'univers indigné doit plaindre vôtre Roi,
Vous BOURBON, combatez, régnez & vangez-moi
Je meurs & je vous laiffe au milieu des orages,
Affis fur un écueïl couvert de mes naufrages,
Mon Trône vous attend, mon Trône vous eft dû,
Joüiffez de ce bien par vos mains deffendu,
Mais fongez que la foudre en tout tems l'environne,

Craignez

Craignez en y montant ce Dieu qui vous le donne,
Puissiez-vous détrompé d'un dogme criminel,
Rétablir de vos mains son culte & son Autel.

Adieu, régnez heureux, qu'un plus puissant génie,
Du fer des assassins deffende vôtre vie,
Vous connoissez la Ligue & vous voyez ses coups,
Ils ont passé par moi pour aller jusqu'à vous ;
Peut-être un jour viendra qu'une main plus barbare,
Juste Ciel épargnez une vertu si rare ;
Permettez... à ces mots, l'impitoïable mort,
Lui coupe la parole & termine son sort.

Au bruit de son trépas Paris se livre en proïe,
Aux transports odieux de sa coupable joïe,
De cent cris de victoire ils remplissent les airs ;
Les travaux sont cessez les Temples sont ouverts,
De Couronnes de fleurs ils ont paré leurs têtes,
Ils consacrent ce jour à d'éternelles Fêtes ;
Insensez qu'ils étoient, ils ne découvroient pas
Les abimes profonds qu'ils creusoient sous leurs pas ;
Ils devoient bien plûtôt prévoïant leurs miseres,
Changer ce vain triomphe en des larmes ameres ;
Ce vainqueur, ce Héros qu'ils osoient défier,
HENRY du haut du Trône alloit les foudroïer,

Le Sceptre dans sa main rendu plus redoutable,
Annonce à ces mutins leur perte inévitable ;
Devant lui tous les Chefs ont fléchi les genoux,
Pour leur Roi légitime ils l'ont reconnu tous,
Et certains desormais du destin de la Guerre,
Ils jurent de le suivre aux deux bouts de la terre.

SIXIÉME CHANT

LES voiles de la nuit s'étendoient dans les airs,
Un silence profond régnoit dans l'Univers.
HENRY prêt d'affronter de nouvelles allarmes,
Endormi dans son camp, reposoit sur ses armes.
Un Héros descendu de la voute des Cieux,
Ministre de Dieu même aparut à ses yeux ;
C'étoit ce saint Guerrier, qui loin du bord Celtique,
Alla vaincre & mourir sur les sables d'Afrique ;
Le génereux LOUIS, le pere des BOURBONS,
A qui Dieu prodigua ses plus augustes dons,
Sur sa tête éclatoit un brillant Diademe,
Au front du nouveau Prince il le posa lui-même ;
Recevez-le, dit-il, de la main de LOUIS,
Acceptez-moi pour pere & devenez mon fils.
La vertu qui toûjours vous guida sur ma trace,
Du tems qui nous sépare a reproché l'espace.

M   Je

Je reconnois mon sang que Dieu vous a transmis;
Tout l'espoir de ma race en vous seul est remis,
Mais ce Septre, mon fils, ne doit point vous suffire.

Possedez ma sagesse, ainsi que mon empire;
C'est peu qu'un vain éclat qui passe & qui s'enfuie,
Que le trouble accompagne, & que la mort détruit.
Tous ces honneurs mondains ne sont qu'un bien sté-
 rile,
Des humaines vertus récompense fragile,
D'un bien plus précieux osez être jaloux,
Si Dieu ne vous éclaire il n'a rien fait pour vous.
Quand verrai-je, O mon fils ! vôtre vertu guerriere,
Comme sous son apui marcher à sa lumiere;
Mais qu'ils sont encore loin, ces tems, ces heureux
 tems,
Où Dieu doit vous compter au rang de ses enfans;
Que vous éprouverez de foiblesses honteuses !
Et que vous marcherez dans des routes trompeuses.

. . . .
. . . .
. . . .

Osez suivre mes pas par de nouveaux chemins,
Et venez de la France aprendre les destins.

HENRY

HENRY crut à ces mots, dans un char de lumiere,
Des Cieux en un moment penetrer la carriere ;
Comme on voit dans la nuit la foudre & les éclairs,
Courir d'un Pole à l'autre & diviſer les airs.

Parmi ces tourbillons que d'une main feconde,
Dispoſa l'Eternel aux premiers jours du monde,
Eſt un globe élevé dans le faîte des Cieux,
Dont l'éclat ſe dérobe à nos profanes yeux ;
C'eſt là que le Très-haut forme à ſa reſſemblance,
Ces eſprits immortels, enfans de ſon eſſence,
Qui ſoudain répandus dans les Mondes divers,
Vont animer les corps & peupler l'Univers.
Là ſont après la mort nos ames replongées,
De leur priſon groſſiere à jamais dégagées,
Quand le Dieu qui les fit les rapelle en ſon ſein ;
D'une courſe rapide elles volent ſoudain,
Comme au fond des forêts, les feüilles incertaines,
Avec un bruit confus tombent du haut des chênes,
Lorſque les Aquilons meſſagers des Hivers,
Ramenent la froidure & ſoufflent dans les airs.
Ainſi la mort entraîne en ces lieux redoutables,
Des mortels paſſagers, les troupes inombrables.

M 2   Un

Un juge incorruptible avec d'égales loix,
Y rassemble à ses pieds les peuples & les Rois.
Tout fremit devant lui, les morts dans le silence,
Attendent en tremblant l'éternelle Sentence ;
Lui qui dans un moment voit, entend, connoit tout,
D'un coup d'œil les punit, d'un coup d'œil les absout;
De ses Ministres saints la troupe inexorable,
Sépare incessamment l'innocent du coupable,
Donne aux uns des plaisirs, aux autres des tourmens,
Des vertus & du crime, éternels monumens.

Mais d'où partent grand Dieu ces cris épouvanta-
 bles,
Ces torrens de fumée & ces feux effroïables.
Quels Monstres dit BOURBON, volent dans ces cli-
 mats,
Quel est ce gouffre en feu qui s'ouvre sous mes pas ?
O ! mon fils vous voïez les portes de l'abîme,
Creusé par la justice, habité par le crime ;
Suivez-moi les chemins en sont toujours ouverts ;
L'un & l'autre à ces mots descendent aux enfers.

D'abord de tous côtez s'offrent sur leur passage,
Le desespoir, la mort, la fureur, le carnage,

Et

Et ces vices affreux suivis par les douleurs,
Formez dans les enfers ou plutôt dans nos cœurs ;
L'orgueïl au front d'airain, la lâche perfidie,
Qui d'abord en rampant se cache & s'humilie,
Puis tout à coup levant un homicide bras,
Fait siffler ses serpens & porte le trépas.
L'avarice au teint pâle, & la haine & l'envie,
Le mensonge & sur-tout sa sœur l'hipocrisie
Qui les regards baissez, l'Encensoir à la main,
Distille en soupirant sa rage & son venin ;
Le faux zele étalant ses barbares maximes,
Et l'intérêt, enfin, pere de tous les crimes.

Des mortels corrompus ces Tirans effrenez,
A l'aspect de HENRY paroissent consternez,
Ils ne l'ont jamais vû, jamais leur troupe impie,
N'aprocha de son ame à la vertu nourrie ;
Quel mortel, disoient-ils, par Dieu même conduit,
Vient effraïer l'Enfer & l'éternelle nuit.

Le Héros au milieu de ces esprits immondes,
S'avançoit à pas lents sous ces voutes profondes.
Loüis guidoit ses pas. Ciel qu'est-ce que je voi,
L'assassin de VALOIS ? Ce monstre devant moi,

Mon

Mon pere ? Il tient encor le couteau patricide,
Dont le Conseil des Seize arma sa main perfide ;
Voyez de ces serpens tout son corps entouré,
Sous leur dent vangeresse en lambeaux déchiré,
Fuïons, n'aigrissons point le tourment qui l'oprime.

Sa peine dit Loüis est égale à son crime ;
Tandis que dans Paris tous ces Prêtres cruels,
Osent de son Portrait soüiller les saints Autels,
Que la Ligue l'adore & que Rome le louë,
Ici dans les tourmens l'enfer les desavouë.

Mais aprenez mon fils quelles severes loix,
Poursuivent dans ces lieux tous les crimes des Rois,
Regardez ces Tirans adorez dans leur vie,
Plus ils étoient puissans, plus Dieu les humilie ;
Et se plaît à venger par des maux infinis,
Les crimes qu'ils ont faits & ceux qu'ils ont permis.
La mort leur a ravi ces grandeurs passageres,
Ce faste, ces plaisirs, ces flâteurs mercenaires,
De qui la complaisance avec dexterité,
A leurs yeux ébloüis cachoit la verité.
La verité terrible augmentant leurs suplices,
De son flambeau sacré vient éclairer leurs vices.

Près

Près de ces mauvais Rois sont ces fiers Conquérans,
Héros aux yeux du peuple, aux yeux de Dieu Titans,
Fleaux du monde entier que leur fureur embrase,
La foudre qu'ils portoient à leur tour les écrase.

Devant eux sont couchez tous ces Rois faineans ;
Sur un Trône avili, fantomes impuissans ;
HENRY voit près des Rois leurs insolens ministres ;
Il remarque sur-tout ces Conseillers sinistres,
Qui des mœurs & des loix avares corrupteurs,
De Themis & de Mars ont vendu les honneurs,
Qui mirent les premiers à d'indignes encheres,
L'inestimable prix des vertus de nos peres.

Le sujet révolté, le lâche adulateur,
Le Juge corrompu, l'infame délateur ;
Ceux même qui nourris au sein de la molesse,
N'ont eu pour tous forfaits qu'un cœur plein de foi-
    blesse ;
Ceux qui livrez sans crainte à des penchans flâteurs,
N'ont connu, n'ont aimé que leurs douces erreurs ;
Tous, enfin, de la mort éternelle victimes,
Souffrent des chatimens qui surpassent leurs crimes ;
Le genereux HENRY ne put cacher ses pleurs,
Hélas ! s'écria-t-il, si dans ce lieu d'horreurs,

Des

Des malheureux humains la foule est engloutie ;
Si les jours passagers d'une si triste vie ;
D'un éternel tourment sont suivis sans retour ;
Ne vaudroit-il pas mieux ne voir jamais le jour ;
Heureux s'ils expiroient dans le sein de leur mere,
Où si ce Dieu du moins, ce grand Dieu si severe,
A l'œuvre de ses mains avoit daigné ravir,
Le pouvoir malheureux de lui desobéïr.

Cependant à grands pas l'un & l'autre s'avance ;
Vers ces lieux fortunez qu'habite l'innocence ;
Ce n'est plus des enfers l'affreuse obscurité,
C'est du jour le plus pur l'immortelle clarté ;
HENRY voit ces beaux lieux & soudain à leur vûë,
Sent couler dans son ame une joïe inconnuë ;
Les soins, les passions n'y troublent point les cœurs,
La volupté tranquile y répand ses douceurs.
Amour en ces climats tout ressent ton Empire,
Ce n'est point cet amour que la molesse inspire ;
C'est ce flambeau divin, ce feu saint & sacré,
Ce pur enfant des Cieux sur la terre ignoré,
De lui seul à jamais tous les cœurs se remplissent,
Ils desirent sans cesse & sans cesse joüissent ;

Et

Et goûtent dans les feux d'une éternelle ardeur,
Des plaisirs sans regrets, du repos sans langueur ;
Là vivent les bons Rois qu'ont produit tous les âges ;
Là sur un Trône d'or, CHARLEMAGNE & CLO-
  VIS,
Veillent du haut des Cieux sur l'Empire des Lis ;
Les plus grands ennemis, les plus fiers adversaires,
Réünis dans ces lieux, n'y sont plus que des freres.

 Le sage LOUIS XII. au milieu de ces Rois,
S'éleve comme un Cedre & leur donne des loix.
Ce Roi qu'à nos ayeux donna le Ciel propice,
Sur son Trône avec lui fit asseoir la Justice ;
Il pardonna souvent, il régna sur les cœurs,
Et des yeux de son peuple il essuya les pleurs.

 D'Amboise est à ses pieds, ce Ministre fidele,
Qui seul aima la France & fut seul aimé d'elle ;
Favori sans orgueil & qui dans ce haut rang,
Ne souilla point ses mains de rapine & de sang.
O ! jours, ô ! mœurs, ô ! tems d'éternelle mémoire,
Le peuple étoit heureux, le Roi couvert de gloire ;
De ses aimables loix chacun goûtoit les fruits ;
Revenez heureux tems sous un autre LOUIS.

     N Plus

Plus loin sont ces Guerriers vengeurs de la Patrie,
Qui dans les champs de Mars ont prodigué leur vie,
La Trimoüille, Cliſſon, Monmorenci, de Foix
Et le brave Gueſelin & l'auguſte Dunois.
Là brille au milieu d'eux cette illuſtre Amazone,
Qui délivra la France & rafermit le Trône.

Antoine de NAVARE avec des yeux ſurpris,
Voit HENRY qui s'avance & reconnoit ſon fils.
Le Héros attendri tombe aux pieds de ſon pere,
Trois fois il tend les bras à cette ombre ſi chere,
Trois fois ſon pere échape à ſes embraſſemens,
Tel qu'un leger nuage écarté par les vents.

Cependant il aprend à cette ombre charmée,
Sa grandeur, ſes deſſeins, l'ordre de ſon armée;
Et ſes premiers travaux & ſes derniers exploits,
Tous les Héros en foule accouroient à ſa voix,
Les MARTELS, les PEPINS l'écoutoient en ſilence,
Et reſpectoient en lui la gloire de la France.

Enfin le ſaint Guerrier pourſuivant ſes deſſeins,
Suivez mes pas, dit-il, au Temple des deſtins;
Avançons il eſt tems de vous faire connoître,
Les Rois & les Héros qui de vous doivent naître,

De

De ce temple, déja, vous voyez les ramparts,
Et ses portes d'airain s'ouvrent à vos regards.

Le tems d'un cours rapide & pourtant insensible,
Parcourt tous les dehors de ce Palais terrible ;
Et de là sur la terre il verse à pleines mains,
Et les biens & les maux destinez aux humains.

De Dieu dans ce lieu saint la volonté réside,
La crainte languissante, & l'esperance avide,
Près de ces murs sacrez gémissent nuit & jour,
Les desirs inquiets voltigent à l'entour ;
Sur un Autel de fer un Livre inexplicable,
Contient de l'avenir l'Histoire irrévocable ;
Là Dieu même a marqué nos plus secrets desirs,
Et nos chagrins cruels & nos foibles plaisirs.

On voit la Liberté, cette esclave si fiere,
Par d'invisibles nœuds en ces lieux prisonniere ;
Sous un joug inconnu que rien ne peut briser ;
Dieu sçait l'assujettir sans la tiranniser ;
A ses suprêmes loix d'autant mieux attachée ;
Que sa chaîne à ses yeux pour jamais est cachée ;
Qu'en obéïssant même elle agit par son choix,
Et souvent aux destins pense donner des loix.

Mais dans ces vastes lieux quelle foule s'empresse,
Elle entre à tout moment & s'écoule sans cesse ;
Vous voyez, dit Loüis, dans ce sacré séjour,
Les Portraits des humains qui doivent naître un jour;
Des siecles à venir ces vivantes Images,
Rassemblent tous les lieux, devancent tous les âges ;
Tous les jours des humains comptez avant les tems,
Aux yeux de l'Eternel à jamais sont presens ;
Le destin marque ici l'instant de leur naissance,
L'abaissement des uns, des autres la puissance,
Les divers changemens attachez à leur sort,
Leurs vices, leurs vertus, leur fortune & leur mort.

Aprochez-vous, venez, contemplons l'un & l'autre,
Le sort de vos Etats & ma race & la vôtre.

Le premier qui paroît c'est votre auguste fils,
Il soutiendra long-tems la gloire de nos Lis,
Triomphateur heureux du Belge & de l'Ibere,
Mais il n'égalera ni son fils ni son pere ;

* Ciel quel pompeux amas d'esclaves à genoux,
Est aux pieds de ce Roi qui les fait trembler tous ;
                                                Quels

* Loüis XIV.

Quels honneurs, quels respects ; jamais Roi dans la
    France,
N'acoûtuma son peuple à tant d'obéïssance.
Je le vois comme vous par la gloire animé,
Mieux obéï, plus craint, peut-être moins aimé ;
Je le vois éprouvant des fortunes diverses,
Trop fier dans ses succès, mais ferme en ses traverses ;
De cent peuples liguez bravant seul tout l'effort,
Admirable en sa vie & plus grand dans sa mort.

  Siecle heureux de Loüis, siecle que la nature
De ses plus beaux presens doit combler sans mesure ;
C'est toi qui dans la France amenes les beaux arts,
Sur toi tout l'avenir va porter ses regards ;
Les Muses à jamais y fixent leur Empire,
Là le Marbre est vivant & la Toile respire.
Ici de mille esprits les efforts curieux,
Mesurent l'univers & lisent dans les Cieux.
Descartes répandant sa lumiere feconde,
Franchit d'un vol hardi les limites du monde ;
J'entends de tous côtez ce langage enchanteur,
Si flateur à l'oreille & doux Tiran du cœur ;
François vous savez vaincre & chanter vos conquêtes,
Il n'est point de Lauriers qui ne couvre vos têtes ;
                              Un

Un peuple de Héros va naître en ces climats.

Je vois tous les BOURBONS voler dans les combats,
A travers mille feux je vois Condé paroître,
Tour à tour la terreur & l'apui de son maître ;
Turenne de Condé le genereux rival,
Moins brillant, mais plus sage & du moins son égal.

Catinat réünit par un rare assemblage,
Les talens du guerrier & les vertus du sage :
Vauban sur un rampart un compas à la main,
Rit du bruit impuissant de cent foudres d'airain ;
Malheureux à la Cour, invincible à la guerre,
Luxembourg de son nom remplit toute la terre.

Regardez dans Denain l'audacieux Villars,
Disputant le tonnerre à l'aigle des Césars,
Arbitre de la paix que la victoire amène,
Digne apui de son Roi, digne rival d'Eugene.

HENRY dans ce moment voit sur les fleurs de Lis,
Deux mortels orgueilleux auprès du Trône assis ;
Ils tiennent sous leurs pieds tout un peuple à la chaîne,
Tous deux sont révêtus de la pourpre Romaine,
Tous deux sont entourez de Gardes, de Soldats ;
Il les prend pour des Rois... vous ne vous trompez pas.

Ils

Ils le font dit Loüis, fans en avoir le titre;
Du Prince & de l'Etat l'un & l'autre est l'arbitre;
Richelieu, Mazarin, Ministres immortels,
Jusqu'au Trône élevez de l'ombre des Autels;
Enfans de la fortune & de la Politique,
Marcheront à grands pas au pouvoir despotique;
Richelieu grand, sublime, implacable ennemi,
Mazarin souple, adroit & dangereux ami;
L'un fuïant avec art & cédant à l'orage,
L'autre aux flots irritez oposant son courage,
Des Princes de mon sang ennemis déclarez;
Tous deux haïs du peuple & tous deux admirez;
Enfin par leurs efforts ou par leur industrie,
Utiles à leurs Rois, cruels à la patrie.

Près de ce jeune Roi regardez ce Héros;
Propre à tous les emplois, né pour tous les tra-
        vaux;
* Il unit les talens d'un sujet & d'un Maître,
Il n'est pas Roi mon fils, mais il enseigne à l'être.

† Quel est cet autre Prince en qui la Majesté,
                                        Sur

* Mr. le Duc d'Orleans.
† Feu Mr. le Duc de Bourgogne.

Sur son front sage & doux éclate sans fierté;
D'un œil d'indifférence il regarde le Trône;
Ciel quelle nuit soudaine à mes yeux l'environne;
La mort autour de lui vole sans s'arrêter;
Il tombe aux pieds du Trône étant prêt d'y monter.

O! mon fils, des François, vous voyez le plus juste;
Les Cieux le formeront de votre sang auguste.
Grand Dieu! ne faites-vous que montrer aux humains,
Cette fleur passagere ouvrage de vos mains.
Hélas! que n'eût point fait cette ame vertueuse;
La France sous son régne eût été trop heureuse;
Il eût entretenu l'abondance & la paix:
Mon fils il eut compté ses jours par ses bienfaits;
Il eut aimé son peuple. O! jours remplis d'allarmes,
O! combien les François vont répandre de larmes;
Quand sous la même tombe ils verront réünis
Et l'Epoux & la Femme, & la Mere & le Fils.

Un foible rejetton sort entre les ruines;
De cet arbre fecond coupé dans ses racines;
Les enfans de Loüis descendus au tombeau;

Ont laiſſé dans la France un Monarque au berceaau,
De l'Empire François douce & frêle eſperance.

O ! Vous qui gouvernez les jours de ſon enfance,
Vous Villeroi, Fleuri, conſervez ſous vos yeux,
Du plus pur de mon ſang le dépôt précieux,
Conduiſez par la main ſon enfance docile ;
Le ſentier des vertus à cet âge eſt facile ;
Age heureux où ſon cœur exempt de paſſion,
N'a point du vice encore reçû l'impreſſion ;
Où d'une Cour trompeuſe ardente à nous ſéduire,
Le ſouffle empoiſonné ne peut encore lui nuire ;
Age heureux où lui-même ignorant ſon pouvoir,
Vit tranquile & ſoumis aux régles du devoir.

Qu'au ſortir de l'enfance il puiſſe ſe connoître ;
Qu'il ſonge qu'il eſt homme en voïant qu'il eſt Maître;
Qu'attentif au beſoin des peuples malheureux,
Il ne les charge point de fardeaux rigoureux,
Qu'il aime à pardonner ; qu'il donne avec prudence
Aux ſervices rendus leur juſte récompenſe ;
Qu'il ne permette pas qu'un Miniſtre inſolent,
Change ſon régne aimable en un joug accablant ;
Que la ſimple vertu de ſoutiens dépourvuë,

Par ses sages bienfaits soit toujours prévenuë;
Que de l'amitié même il cherisse les loix,
Bien pur, present du Ciel & peu connû des Rois;
Et que digne, en effet, de la grandeur suprême,
Il imite, s'il peut, HENRY IV. & moi-même.
Il dit, en ce moment le Héros ne vit plus,
Qu'un assemblage vain de mille objets confus;
Du Temple du destin les portes se fermerent,
Et les voutes des Cieux devant lui s'éclipserent.

L'aurore cependant au visage vermeil,
Ouvroit dans l'Orient le Palais du Soleil;
La nuit en d'autres lieux portoit ses voiles sombres,
Les songes voltigeans fuïoient avec les Ombres.
Le Prince en s'éveillant sent au fond de son cœur,
Une force nouvelle, une divine ardeur,
Ses regards inspiroient le respect & la crainte,
Dieu remplissoit son front de sa Majesté sainte:
Ainsi quand le vengeur des peuples d'Israël,
Eut sur le mont Sina consulté l'éternel;
Les Hébreux à ses pieds couchez dans la poussiere,
Ne purent de ses yeux soutenir la lumiere.

SEPTIÉME CHANT.

Aris toûjours injuste & toûjours furieux,
De la mort de son Roi rendoit graces aux
cieux.
Le peuple qui jamais n'a connu la prudence,
S'enïvroit follement de sa vaine esperance ;
Mais Philippe au recit de la mort de VALOIS,
Trembla dans ses états pour la premiere fois,
Il voïoit des BOURBONS, les forces réünies,
Du Trône sous leurs pas les routes aplanies ;
Un chef infatigable & plein de fermeté,
Instruit par le travail & par l'adversité,
Et qui pouvoit bientôt, conduit par la vengeance,
Reporter dans Madrid les malheurs de la France ;
Il crut qu'il étoit tems d'envoïer un secours,
Demandé si long-tems & differé toûjours ;
Des rives de l'Escaut sur les bords de la Seine,
Le malheureux Egmont vint se joindre à Maïene.

Et Maïenne avec lui crut aux tentes du Roi,
Renvoïer à son tour le carnage & l'effroi ;
Le temeraire orgüeil accompagnoit leur trace,
Qu'avec plaisir, grand Roi, tu voïois cette audace,
Et que tes vœux hâtoient le moment du combat,
Qui devoit décider du destin de l'Etat !

HENRY loin des ramparts de la Ville allarmée,
Aux campagnes d'Ivri conduisit son Armée,
Attirant sur ses pas MAÏENNE & ses Ligueurs,
Que leur aveuglement poussoit à leurs malheurs.

Près des bords de l'Itton & des rives de l'Eure,
Est un champ fortuné, l'amour de la nature ;
Là souvent les Bergers conduisant leurs troupeaux,
Du son de leur musette éveilloient les Echos,
Là les Nimphes d'Anet, d'une course rapide,
Suivoient le daim leger & le chevreüil timide ;
Les tranquiles zephirs habitoient sur ces bords,
Cerès y répandoit ses utiles tresors.
C'est là que le destin guida les deux armées,
D'une chaleur égale au combat animées ;
Cerès en un moment vit leurs fiers bataillons,
Ravager ses bienfaits naissans dans les sillons ;
De l'Eure & de l'Itton les ondes s'allarmerent,

Dans

Dans le fond des forêts les Nimphes se cacherent,
Le Berger plein d'effroi chassé de ces beaux lieux,
Du sein de son foïer fuit les larmes aux yeux.

Habitans malheureux de ces bords pleins de char-
 mes,
Du moins à votre Roi n'imputez point vos larmes;
S'il cherche les combats c'est pour donner la paix.
Peuples, sa main sur vous répandra ses bienfaits,
Il veut finir vôs maux, il vous plaint, il vous aime,
Et dans ce jour affreux il combat pour vous même.
Les momens lui sont chers, il court dans tous les rangs,
Sur un coursier fougueux plus leger que les vents;
Qui fier de son fardeau, du pied frapant la terre,
Apelle les dangers & respire la guerre.

On voïoit près de lui briller tous ces Guerriers,
Compagnons de sa gloire & ceints de ses Lauriers.
D'Aumont qui sous cinq Rois avoit porté les armes,
Biron dont le seul nom répandoit les allarmes.
Et son fils jeune, encore ardent, impetueux,
Dont la Gloire enflamoit le cœur presomptueux,
Sulli, Nangis, Crillon ces ennemis du crime,
Que la Ligue deteste & que la Ligue estime;
Turenne qui depuis de la jeune Boüillon,

Mérita

Mérita dans Sedan la puissance & le nom;
Puissance malheureuse & trop mal conservée,
Et par Armand détruite aussi-tôt qu'élevée.
A Sanci brave guerrier, Ministre, Magistrat,
Estimé dans l'armée, à la Cour, au Senat,
La Trimoüille, Clermont, Tournemine & Dangenes,
Et ce fier ennemi de la pourpre Romaine.
Mornai dont l'éloquence égala la valeur,
Soutien trop vertueux du parti de l'erreur.
Là paroissoient Givri, Noailles & Feuquieres,
Le malheureux de Nesle & l'heureux Lesdiguercs;
D'Ailli pour qui ce jour fut un jour trop fatal,
Tous ces Héros en foule attendoient le signal,
Et rangez près du Roi lisoient sur son visage,
D'un triomphe certain l'espoir & le presage.

MAÏENNE en ce moment inquiet abattu,
Dans son cœur étonné cherche en vain sa vertu;
Soit que de son parti connoissant l'injustice,
Il ne crut point le Ciel à ses armes propice.
Soit que l'ame, en effet, ait des pressentimens,
Avantcoureurs certains des grands évenemens;
Ce guerrier cependant maître de sa foiblesse,
Déguisoit ses chagrins sous sa fausse allegresse;

Il s'empresse, il s'agite, il inspire aux soldats,
Cet espoir génereux que lui même il n'a pas.

Enfin le grand HENRY dans la plaine s'avance,
Et s'adressant aux siens qu'animoit sa presence,
Vous êtes nez François & je suis votre Roi,
Voilà nos ennemis, marchez & suivez moi ;
Ne perdez point de vuë au fort de la tempête,
Ce pennache éclatant qui flotte sur ma tête ;
Vous le verrez toûjours au chemin de l'honneur.
A ces mots que ce Roi prononçoit en vainqueur,
Il voit d'un feu nouveau ses troupes enflammées,
Et marche en invoquant le grand Dieu des armées ;
Sur les pas des deux chefs alors en même-tems,
On voit des deux partis voler les combatans.
Ainsi lorsque des monts séparez par Alcide,
Les Aquilons fougueux fondent d'un vol rapide ;
Soudain les flots émus des deux profondes mers,
D'un choc impétueux s'élancent dans les airs,
La terre au loin gémit, le jour fuit, le Ciel gronde,
Et l'Afriquain tremblant craint la chute du monde.

Le salpêtre enfermé dans des globes d'airain,
Part, s'échaufe, s'embrase & s'écarte soudain ;
La mort qu'ils renfermoient en sort avec furie,

Ô coupables mortels ! ô funeste industrie !
Pour vous exterminer vos efforts odieux,
Ont dérobé le foudre allumé dans les Cieux.

Dans tous les deux partis l'adresse, le courage,
Le tumulte, les cris, la peur, l'aveugle rage,
Le desespoir, la mort, l'ardente soif du sang,
Par-tout sans s'arrêter passent de rang en rang;
L'un poursuit un parent dans le parti contraire,
Là le frere en fuïant meurt de la main d'un frere;
La nature en fremit & ce rivage affreux,
S'abreuvoit à regret de leur sang malheureux.

Du superbe d'Aumont la valeur indomptée,
Repoussoit de Nemours la troupe épouvantée;
D'Ailli portoit par-tout l'horreur & le trépas,
Les Ligueurs ébranlez fuïoient devant ses pas;
Soudain de mille dards affrontant la tempête,
Un jeune audacieux dans sa course l'arrête;
Ils fondent l'un sur l'autre à coups précipitez,
La victoire & la mort volent à leurs côtez;
Ils s'ataquent cent fois & cent fois se repoussent,
Leur courage s'augmente & leurs glaives s'émoussent,
Deffendus par leur casque & par leur bouclier,
Ils parent tous les traits du redoutable acier;

Chacun

Chacun d'eux étonné de tant de résistance,
Respecte son rival, admire sa vaillance;
Enfin le vieux d'Ailli par un coup malheureux,
Fait tomber à ses pieds ce Guerrier généreux;
Ses yeux sont pour jamais fermez à la lumiere,
Son Casque auprès de lui roule sur la poussiere:
D'Aill: voit son visage, ô desespoir! ô cris!
Il le voit; il l'embrasse, hélas! c'étoit son fils.
Le pere infortuné, les yeux baignez de larmes,
Tournoit contre son sein ses particides armes,
On l'arrête on s'opose à sa juste fureur,
Il s'arrache en tremblant de ce lieu plein d'horreur;
Il deteste à jamais sa coupable Victoire,
Il renonce à la Cour, aux humains, à la gloire,
Et se fuïant lui-même au milieu des deserts,
Il va cacher sa peine au bout de l'univers;
Là soit que le Soleil rendit le jour au monde,
Soit qu'il finit sa course au vaste sein de l'onde,
Sa voix faisoit redire aux échos atendris,
Le nom, le triste nom de son malheureux fils.

Ciel, quels cris effraïans se font par-tout entendre!
Quels flots de sang François viennent de se répandre!
Qui précipite ainsi ces Ligueurs dispersez,

P.   Quel

Quel Héros, où quel Dieu les a tous renversez ?
C'est le jeune Biron, c'est lui dont le courage,
Parmi leurs bataillons s'étoit fait un passage,
Bois-Daufin les voit fuir & boüillant de couroux ;
Que vois-je, justes Cieux ? Laches où courez-vous ?
Vous fuïr ? Vous-compagnons de MAÏENNE & de
 GUISE,
Vous qui devez venger Paris, Rome & l'Eglise ;
Arrêtez, rapellez votre antique vertu,
Suivez mes pas, marchez & vous avez vaincu :
Aussi tôt secouru de Beauveau, de Joïeuse,
Du farouche S. Paul & du brave Fosseusse ;
Il rassemble avec eux les bataillons épars,
Qu'il anime en marchant du feu de ses regards.

La fortune avec lui revient d'un pas rapide,
Biron soutient en vain d'un courage intrépide,
Le cours précipité de ce fougueux torrent,
Il voit à ses côtez Parabere expirant ;
Dans la foule des morts il voit tomber Feuquieres,
Nelle, Clermont, d'Angenne ont mordu la poussiere,
Percé de coups, lui-même, il est prêt de périr,
C'étoit ainsi Biron, que tu devois mourir.
Un trépas si fameux, une chute si belle,

       Rendoit

Rendoit de ta vertu la mémoire immortelle ;
Que vois je ! c'est ton Roi qui marche à ton secours,
Il sçait l'affreux danger qui menace tes jours ;
Il le sçait, il y vole, il laisse la poursuite,
De ceux qui devant lui précipitoient leur fuite ;
Il arrive ; il paroit comme un Dieu menaçant,
La Chastre à son aspect recule en fremissant,
Tout tremble devant lui, tout sucombe, tout plie,
Ton Roi, jeune Biron, te sauves enfin la vie,
Il t'arache sanglant aux fureurs des soldats,
Dont les coups redoublez achevoient ton trépas ;
Tu vis, songe du moins à lui rester fidele.

MAÏENNE aprend bien-tôt cette triste nouvelle ;
Il court aux lieux sanglans où son rival vainqueur,
Répandoit le desordre & la mort & la peur :
Qui pouroit exprimer le sang & le carnage,
Dont l'Eure en ce moment vit couvrir son rivage ;
Tant de coups, tant de morts, tant d'exploits éclatans,
Que nous cache aujourd'hui l'obscure nuit des tems.

O ! vous manes sanglans du plus grand Roi du monde,
Sortez pour un moment de votre nuit profonde,
Pour chanter ce grand jour, pour chanter vos exploits.

Eclairez

Eclairez mon esprit & parlez par ma voix.

Pressé de tous côtez sa redoutable épée,
Est du sang Espagnol & du François trempée ;
Mille ennemis sanglans expiroient sous ses coups,
Quand le fougueux Egmont s'offrit à son couroux.
Egmont courtisan, lâche & soldat téméraire,
Esclave du tiran qui fit périr son pere ;
Malheureux ! Il osoit sur un bord étranger,
Chercher dans les combats la gloire & le danger ;
Et de ses fers honteux cherissant l'infamie,
Il n'osoit point venger son pere & sa patrie ;
Il parut, le Héros le fit tomber soudain,
Le fer étincelant se plongea dans son sein ;
Sous leurs pieds teints de sang les chevaux le foulerent,
Des ombres du trépas ses yeux s'enveloperent,
Et son ame en couroux s'envola chez les morts,
Où l'aspect de son pere excita ses remords,
Sur son corps tout sanglant, le Roi sans résistance,
Tel qu'un foudre éclatant vers MAÏENNE s'avance ;
Il l'attaque, il l'étonne, il le presse & son bras,
A chaque instant sur lui suspendoit le trépas,
Ce bras vaillant, MAÏENNE alloit trencher ta vie,
La Ligue en palissoit, la Guerre étoit finie ;

Mais

Mais Nemours & la Chastre acourent à l'instant,
On l'entoure, on l'arache à la mort qui l'atend.

Que vois-je, au moment même une main inconnuë,
Frape le grand HENRY d'une atteinte imprévuë ;
C'est ainsi qu'autrefois dans ces tems fabuleux,
Que l'Amour du mensonge a rendu trop fameux ;
Aux pieds de ces ramparts qu'Hector ne peut deffen-
   dre,
Dans ces combats sanglans aux rives du Scamandre ;
On vit plus d'une fois des mortels furieux,
Par un fer sacrilege oser blesser des Dieux.

Le Héros tout sanglant voit son péril sans trouble,
Ainsi que les dangers, son audace redouble,
Son grand cœur s'aplaudir d'avoir aux champs d'hon-
   neur,
Trouvé des ennemis dignes de sa valeur ;
Ses guerriers sur ses pas volent à la victoire,
La trace de son sang les conduit à la gloire ;
Et bien-tôt devant eux il voit de toutes parts,
Les Ligueurs éperdus confusément épars ;
Les Chefs épouventez, les soldats en allarmes,
Quittant leurs étendars abandonnant leurs armes ;

Les

Les uns sans résistance à son couroux offerts,
Fléchissoient les genoux & demandoient des fers ;
D'autres d'un pas rapide évitant sa poursuite,
Jusqu'aux rives de l'Eure emportez dans leur fuite ;
Dans les profondes eaux vont se précipiter,
Et cherchent le trépas qu'ils veulent éviter,
Les flots ensanglantez interrompent leur course ;
Le fleuve avec effroi remonte vers sa source ;
De mille cris affreux l'air au loin retentit,
Anet s'en épouvente & Mantes en fremit.

MAÏENNE cependant par une fuite prompte,
Dans les murs de Paris couroit cacher sa honte.

HENRY victorieux voïoit de tous côtez,
Les Ligueurs sans deffense implorant ses bontez :
Vivez, s'écria-t-il, peuple né pour me nuire,
HENRY vouloit vous vaincre & non pas vous détruire
C'est sa seule vertu qui doit vous desarmer,
Vivez c'est trop me craindre aprenez à m'aimer :
Il dit, & dans l'instant arrêtant le carnage,
Maître de ses soldats il fléchit leur courage,
Ce n'est plus ce Lion qui tout couvert de sang,
Portoit avec l'effroi la mort de rang en rang ;
C'est un Dieu bienfaisant qui laissant son tonnerre,

Fait succeder le calme aux horreurs de la guerre,
Console les vaincus, aplaudit aux vainqueurs,
Soulage, récompense & gagne tous les cœurs.

Ceux à qui la lumiere étoit presque ravie,
Par ses ordres humains sont rendus à la vie,
Et sur tous leurs dangers & sur tous leurs besoins,
Tel qu'un pere attentif il étend tous ses soins.

Les Captifs cependant conduits en sa presence,
Attendoient leur Arrêt dans un profond silence ;
Ses soldats indignez, d'un œil plein de couroux,
Regardoient ces vaincus échapez à leurs coups.
HENRY jetta sur eux des regards plein de grace,
Où régnoient à la fois la douceur & l'audace ;
Soïez libres, dit-il, vous pouvez desormais,
Rester mes ennemis où vivre mes sujets ;
Entre MAÏENNE & moi reconnoissez un Maître,
Voyez qui de nous deux a merité de l'être ;
Esclaves de la Ligue ou compagnons d'un Roi,
Allez trembler sous elle ou triomphez sous moi ;
Choisissez ? A ces mots d'un Roi couvert de gloire,
Sur un champ de bataille au sein de la victoire ;
On vit en un moment ces captifs éperdus,

Contens de leur défaite, heureux d'être vaincus;
Leurs yeux sont éclairez, leurs cœurs n'ont plus de
 haine;
Sa valeur les vainquit, sa vertu les enchaîne,
Et s'honorant, déja, du nom de ses soldats,
Deserteurs génereux, ils volent sur ses pas.

Du vrai comme du faux la prompte messagere,
Qui s'acroît dans sa course & d'une aîle legere,
Traversant tous les jours & les monts & les mers,
Des actions des Rois va remplir l'Univers;
La renommée, enfin, dans la Ville rebelle,
Des exploits de HENRY répandoit la nouvelle.
MAÏENNE dans ces murs abusoit les esprits;
Vaincu, mais plein d'espoir & maître de Paris;
Sa politique habile au fond de sa retraite,
Aux Ligueurs incertains déguisoit sa défaite;
Contre un coup si funeste il veut les rassurer,
En cachant sa disgrace il croit la réparer;
Par cent bruits mensongers il ranimoit leur zele;
Mais malgré tant de soins la verité cruelle,
Démentant à ses yeux ses discours imposteurs,
Voloit de bouche en bouche & glaçoit tous les cœurs.

La discorde en fremit & redoublant sa rage,
  Non,

Non, je ne verrai point détruire mon ouvrage,
Dit-elle, & n'aurai point dans ces murs malheureux,
Versé tant de poisons, allumé tant de feux,
De tant de flots de sang cimenté ma puissance,
Pour laisser à Bourbon l'Empire de la France;
Tout terrible qu'il est j'ai l'art de l'affoiblir,
Si je n'ai pu le vaincre on le peut amolir;
N'oposons plus d'efforts à sa valeur suprême,
Henry n'aura jamais de vainqueur que lui-même;
C'est son cœur qu'il doit craindre & je veux aujour-
    d'hui,
L'attaquer, le combatre & le vaincre par lui;
Elle dit & soudain des rives de la Seine,
Sur un char teint de sang, attelé par la haine;
Dans un nuage épais qui fait pâlir le jour,
Elle part, elle vole & va trouver l'Amour.

Q

HUITIÉME CHANT.

Ur les bords fortunez de l'antique Idalie,
Lieux où finit l'Europe & commence
l'Asie,
S'éleve un vieux Palais respecté par les tems,
La Nature en posa les premiers fondemens ;
Et l'art ornant depuis sa simple architecture,
Par ses travaux hardis surpassa la nature.
Là tous les champs voisins peuplez de Mirtes verds,
N'ont jamais ressenti l'outrage des Hivers ;
Par-tout on voit meurir, par-tout on voit éclore,
Et les fruits de Pomone & les presens de Flore
Et la terre n'attend pour donner ses moissons,
Ni les vœux des humains, ni l'ordre des saisons.

Dans ces climats charmans habite l'Indolence,
Les peuples paresseux, séduits par l'abondance,
N'ont jamais exercé par d'utiles travaux,
Leurs corps apesantis qu'énerve le repos.

Dans un loisir profond aux soins inaccessible,
La molesse entretient un silence paisible ;
Seulement quelquefois on entend dans les airs,
Les sons effeminez des plus tendres concerts,
Les voix de mille Amans, les chants de leurs maitresses,
Qui célebrent leur honte & vantent leurs foiblesses ;
Chaque jour on les voit le front paré de fleurs,
De leur aimable Maître implorer les faveurs ;
Et dans l'art dangereux de plaire & de séduire,
Dans son Temple à l'envi s'empresser de s'instruire.
La flateuse Esperance au front toûjours serain,
A l'Autel de leur Dieu les conduit par la main ;
Près du Temple sacré les graces demi nuës,
Accordent à leurs voix leurs danses ingénuës ;
La molle volupté sur un lit de gazons,
Satisfaite & tranquile écoute leurs chansons ;
On voit à ses côtez le Mistere en silence,
Les refus attirans, les soins, la complaisance,
Les plaisirs amoureux & les tendres desirs,
Plus doux, plus séduisans encor que les plaisirs.

De ce Temple fameux telle est l'aimable entrée ;
Mais lorsqu'en avançant sous la voute sacrée ;
On porte au Sanctuaire un pas audacieux ;

Quel

Quel spectacle funeste épouvante les yeux !
Ce n'est plus des plaisirs la troupe aimable & tendre,
Leurs concerts amoureux ne s'y font plus entendre ;
Les plaintes, les dégouts, l'imprudence, la peur,
Font de ce beau séjour un séjour plein d'horreur ;
La sombre jalousie au teint pâle & livide,
Suit d'un pied chancelant le soupçon qui la guide,
La haine & le couroux répandant leur venin,
Marche devant ses pas un poignard à la main,
La malice les voit & d'un souris perfide,
Aplaudit en passant à leur troupe homicide ;
Le repentir les suit detestant leurs fureurs,
Et baisse en soupirant ses yeux mouillez de pleurs.

C'est là, c'est au milieu de cette Cour affreuse,
Des plaisirs des humains compagne malheureuse,
Que l'amour a choisi son séjour éternel ;
Ce dangereux enfant si tendre & si cruel,
Sans cesse armé de traits plus prompts que le tonnerre,
Porte en sa foible main les destins de la terre,
Et répandant par tout ses trompeuses douceurs,
Anime l'Univers & vit dans tous les cœurs,
Sur un Trône éclatant, contemplant ses conquêtes,
Il fouloit à ses pieds les plus superbes têtes ;

Fier

Fier de ses cruautez plus que de ses bienfaits,
Il sembloit s'aplaudir des maux qu'il avoit faits.

 La discorde soudain conduite par la rage,
Ecarte les plaisirs s'ouvre un libre passage,
Secouant dans ses mains ses flambeaux allumez,
Le front couvert de sang & les yeux enflâmez,
Mon frere, lui dit-elle, où sont tes traits terribles,
Pour qui réserves-tu tes fleches invincibles,
Ah! si de la discorde allumant le tison,
Jamais à tes fureurs tu mêlas mon poison;
Si tant de fois pour toi j'ai troublé la nature,
Viens, vole sur mes pas, viens venger mon injure;
Un Roi victorieux écrase mes serpens,
Ses mains joignent l'Olive aux Lauriers triomphans,
La clemence avec lui marchant d'un pas tranquile,
Au sein tumultueux de la Guerre civile,
Va sous ses étendarts flotans de tous côtez,
Réünir tous les cœurs par moi seule écartez,
Encore une Victoire & mon Trône est en poudre,
Aux ramparts de Paris, HENRY porte la foudre;
Ce Héros va combatre & vaincre & pardonner,
De cent chaînes d'airain son bras va m'enchaîner,
C'est à toi d'arrêter ce torrent dans sa course,

          Va

Va de tant de hauts faits empoisonner la source,
Que sous ton joug, amour, il gémisse, abatu,
Va dompter son courage au sein de la vertu,
C'est toi, tu t'en souviens, toi dont la main fatale,
Fit tomber sans effort Hercule aux pieds d'Omphale;
Ne vit-on pas Antoine amoli dans tes fers,
Abandonnant pour toi les soins de l'Univers,
Fuïant devant Auguste & te suivant sur l'onde,
Preferer Cleopatre à l'Empire du monde.
HENRY te reste à vaincre après tant de Guerriers,
Dans ses superbes mains va flétrir ses Lauriers,
Va du Mirte amoureux ceindre sa tête altiere,
Endors entre tes bras son audace guerriere;
A mon Trône ébranlé cours servir de soutien,
Viens, ma cause est la tienne & ton regne est le mien.

Ainsi parloit ce monstre & la voute tremblante,
Répetoit les accens de sa voix effraïante,
L'Amour qui l'écoutoit couché parmi des fleurs,
D'un souris fier & doux répond à ses fureurs.
Il s'arme cependant de ses fleches dorées,
Il fend des vastes Cieux les voutes azurées;
Et precedé des jeux, des graces, des plaisirs,
Il vole aux champs François sur l'aîle des zéphirs.

Dans

Dans sa course, d'abord, il découvre avec joïe,
La campagne où jadis on vit les murs de Troïe;
Il rit en contemplant dans ces lieux renommez,
La cendre des Palais par ses mains consumez,
Il voit en un moment ces murs bâtis sur l'onde,
Ces ramparts orgueilleux, ce prodige du monde,
Venise dont Neptune admire le destin,
Et qui commande aux flots renfermez dans son sein;
Bientôt dans la Provence il voit cette fontaine,
Dont son pouvoir aimable éternisa la veine;
Quand le tendre Petrarque, au printems de ses jours,
Sur ses bords enchantez soupiroit ses amours.
Il voit les murs d'Anet bâtis au bord de l'Eure,
Lui même en ordonna la superbe structure,
Par ses adroites mains, avec art enlassez,
Les chiffres de Diane y sont encore tracez;
Sur sa Tombe en passant les plaisirs & les graces,
Répandirent les fleurs qui naissoient sur leurs traces.

Aux campagnes d'Yvri, l'amour arrive, enfin,
Le Roi prêt d'en partir pour un plus grand dessein,
Mêlant à ses plaisirs l'image de la guerre,
Laissoit pour un moment reposer son tonnerre;

Mille

Mille jeunes guerriers à travers les guerets,
Pourſuivoient avec lui les hôtes des forêts.
L'amour ſent à le voir une joïe inhumaine,
Il aiguiſe ſes traits, il prépare ſa chaîne,
Il ſouleve avec lui les élemens armez,
Il trouble en un moment les airs qu'il a calmez;
D'un bout du monde à l'autre apellant les orages,
Sa voix commande aux vents d'aſſembler les nuages,
De verſer ces torrens ſuſpendus dans les airs,
Et d'aporter la nuit, la foudre & les éclairs.
Déja les Aquilons à ſes ordres fideles,
Dans les Cieux obſcurcis ont déploïé leurs aîles;
La plus affreuſe nuit ſuccede au plus beau jour,
Préſage infortuné des chagrins de l'amour.

Dans les ſillons fangeux de la campagne humide,
Le Roi marche, incertain, ſans eſcorte & ſans guide,
L'amour en ce moment allumant ſon flambeau,
Fait briller devant lui ce prodige nouveau,
Abandonné des ſiens le Roi dans ces bois ſombres,
Suit cet Aſtre ennemi brillant parmi les ombres;
Comme on voit quelquefois ces voïageurs troublez,
Suivre ces feux ardens de la terre exhalez,
Ces feux dont la vapeur maligne & paſſagere,

R Conduit

Conduit au précipice à l'inſtant qu'elle éclaire.

Depuis peu la fortune en ces triſtes climats,
D'une illuſtre mortelle avoit conduit les pas,
Dans le fond d'un Château, tranquille & ſolitaire,
Loin du bruit des combats elle attendoit ſon pere;
Qui fidele à ſes Rois, vieilli dans les hazards,
Avoit du grand HENRY ſuivi les étendarts.
D'Etrée étoit ſon nom; la main de la nature,
De ſes aimables dons la combla ſans meſure;
Jamais rien de plus beau ne parut ſous les Cieux;
Et ſeule elle ignoroit le pouvoir de ſes yeux;
Elle entroit dans cet âge, hélas! trop redoutable,
Qui rend des paſſions le joug inévitable,
Son cœur né pour aimer, mais fier & génereux,
D'aucun Amant encore n'avoit reçu les vœux;
Semblable en ſon printems à la roſe nouvelle,
Qui renferme en naiſſant ſa beauté naturelle;
Cache aux vents amoureux les treſors de ſon ſein,
Et s'ouvre aux doux raïons d'un jour pur & ſerain.

L'amour qui cependant s'aprête à la ſurprendre,
Sous un nom ſupoſé vient près d'elle ſe rendre,
Il paroit ſans flambeau, ſans fleche & ſans carquois,
Il prend d'un ſimple enfant la figure & la voix;

On

On a vû, lui dit-il, sur la rive prochaine,
S'avancer vers ces lieux le vainqueur de MAYENNE.

Il excitoit son cœur en lui disant ces mots,
Par un desir secret de plaire à ce héros,
Son teint fut animé d'une grace nouvelle,
L'amour s'aplaudissoit en la voïant si belle ;
Que n'esperoit-il point aidé de tant d'apas,
Au-devant du Monarque il conduisit ses pas,
Armé de tous ses traits, present à l'entrevuë,
Il allume en leur ame une crainte inconnuë,
Leur inspire ce trouble & ces émotions,
Que forment en naissant les grandes passions ;

Quelque tems de HENRY la valeur immortelle,
Vers ses Drapeaux vainqueurs en secret le rapelle,
Une invincible main le retient malgré lui,
Dans sa vertu premiere il cherche un vain apui,
Sa vertu l'abandonne & son ame enivrée,
N'aime, ne voit, n'entend, ne connoit que d'Etrées.

C'est alors que l'on vit dans les bras du repos,
Les folatres plaisirs desarmer ce heros,
L'un tenoit sa cuirasse encore de sang trempée,
L'autre avoit détaché sa redoutable épée,
Et rioit en voïant dans ses débiles mains,

Ce fer, l'apui du Trône & l'effroi des humains.

Tandis que de l'amour HENRY goûtoit les charmes,
Son absence en son camp répandoit les allarmes,
Et ses chefs étonnez, ses soldats abatus,
Ne marchant plus sous lui sembloient déja vaincus;
Mais le génie heureux qui préside à la France,
Ne souffrit pas long-tems sa dangereuse absence;
Il va trouver Sully d'un vol leger & prompt,
Et lui dit de son Roi la foiblesse & l'afront.

Non moins prudent ami que Philosophe austere,
Sully, sçut l'art heureux de reprendre & de plaire;
Des solides vertus rigoureux sectateur,
Favori de son Maître & jamais son flateur.
Avide de travaux, insensible aux délices,
Il marchoit d'un pas ferme au bord des précipices;
Jamais l'air de la Cour & son soufle infecté,
N'altéra de son cœur l'austere pureté.
Belle Arethuse, ainsi vôtre onde fortunée,
Porte jusques au sein d'Amphitrite étonnée;
Un cristal toûjours pur & des flots toûjours clairs,
Que ne corrompt jamais l'amertume des mers.

Ce Guerrier généreux, conduit par la sagesse,
Part & vole en ces lieux où la douce molesse,
Retenoit dans ses bras le vainqueur des humains,
Et de la France en lui maîtrisoit les destins ;

. . . .

L'amour à chaque instant redoublant sa victoire,
Le rendoit plus heureux pour mieux flétrir sa gloire ;
Les plaisirs qui souvent ont des termes si courts,
Partageoient ses momens & remplissoient ses jours.

. . . .

L'Amour au milieu d'eux découvre avec colere,
A côté de Sully la sagesse severe ;
Il veut sur ce Guerrier lancer un trait vengeur,
Par l'attrait des plaisirs il croit vaincre son cœur ;
Mais Sully méprisoit sa colere & ses charmes,
Tous ses traits impuissans s'émoussoient sur ses armes ;
Il attend qu'en secret le Roi s'offre à ses yeux,
Et d'un œil irrité contemple ces beaux lieux.

Au fond de ses jardins, au bord d'une onde claire,
Sous un Mirte amoureux, azile du mistere ;
D'Etrée à son amant prodiguoit ses apas,
Il languissoit près d'elle, il brûloit dans ses bras,
De leurs doux entretiens rien n'alteroit les charmes ;

Leurs

Leurs yeux étoient remplis de ces heureuses larmes;
De ces larmes qui font les plaisirs des Amans,
Ils sentoient cette yvresse & ces saisissemens,
Ces transports, ces fureurs, qu'un tendre amour inspire,
Que lui seul fait sentir, que lui seul peut décrire.

Enfin dans le repos où la vertu languït,
Il voit Sully paroître, il le voit & rougit;
L'un de l'autre en secret ils craignoient la presence;
Ce sage en l'abordant garde un morne silence;
Mais son silence même & ses regards baissez,
Se font entendre au Prince & s'expliquent assez.
Sur ce visage austere où régnoit la sagesse,
HENRY lut aisément sa honte & sa foiblesse;
Rarement de sa faute on aime le témoin,
Tout autre eut de Sully mal reconnu le soin,
Tout autre eut d'un Censeur haï le front severe.
Cher ami, dit le Roi, tu ne peux me déplaire,
Viens le cœur de ton Prince est digne encore de toi;
Je t'ai vû c'en est fait & tu me rends à moi;
Je reprens la vertu que l'amour m'a ravie,
De ce honteux repos fuïons l'ignominie,
Fuïons ce lieu funeste où mon cœur mutiné,
Aime encore les liens dont il fut enchaîné;

Me

Me vaincre est desormais ma plus belle victoire,
Partons, bravons l'amour dans les bras de la gloire,
Et bientôt vers Paris répandant la terreur,
Dans le sang Espagnol effaçons mon erreur.

A ces mots génereux Sully connut son Maître,
C'est vous s'écria t-il que je revois paroître,
Vous de la France entiere auguste deffenseur,
Vous Maître de vous même & Roi de votre cœur;
L'amour à votre gloire ajoûte un nouveau lustre,
Qui l'ignore est heureux, qui le dompte est illustre.

Il dit, le Roi s'aprête à partir de ces lieux,
Quelle douleur! ô Ciel, attendrit ses adieux;
Plein de l'aimable objet qu'il fuit & qu'il adore,
En condamnant ses pleurs il en versoit encore,
Entraîné par Sully, par l'amour attiré,
Il s'éloigne, il revient; il part desesperé,
Il part, en ce moment d'Etrée évanoüie,
Reste sans mouvement, sans couleur & sans vie,
D'une soudaine nuit ses beaux yeux sont couverts.
L'amour qui l'aperçut jette un cri dans les airs,
Il s'épouvante, il craint qu'une nuit éternelle,
N'enleve à son Empire une Nimphe si belle,
N'efface pour jamais les charmes de ses yeux,

Qui

Qui devoient dans la France allumer tant de feux ;
Il la prend dans ses bras, & bientôt cette Amante,
R'ouvre à sa douce voix sa paupiere mourante,
Lui nomme son amant, le redemande en vain,
Le cherche encore des yeux & les ferme soudain ;
L'amour baigné des pleurs qu'il répand auprès d'elle,
Au jour qu'elle fuïoit tendrement la rapelle ;
D'un espoir séduisant il lui rend la douceur,
Et soulage les maux dont lui seul est l'Auteur.

 Sully toûjours severe & toûjours inflexible,
Entrainoit, cependant, son Maître trop sensible,
La force & la vertu leur montrent le chemin,
La gloire les conduit les Lauriers à la main ;
Et l'amour indigné que le devoir surmonte,
Va cacher dans Paphos sa colere & sa honte.

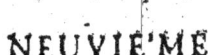

NEUVIE'ME

NEUVIÉME CHANT.

 E tems vole, & sa perte est toûjours dangereuse,
En vain du grand BOURBON, la main victorieuse,
Fit dans les champs d'Ivri triompher sa vertu.
Négliger ses Lauriers, c'est n'avoir point vaincu ;
Ces jours, ces doux momens perdus dans la molesse,
Rendoient aux ennemis l'audace & l'allegresse ;
Déja dans leur azile oubliant leurs malheurs,
Vaincus, chargez d'oprobres, ils parloient en vainqueurs.

Les envoïez de Rome & ceux de l'Iberie.
Les Ligueurs obstinez, les Prêtres en furie,
Pour réparer leur honte & cacher leur éfroi,
Dans ces murs desolez veulent choisir un Roi.
Ils pensoient, à l'abri d'un Trône imaginaire;

S   Mieux

Mieux repousser HENRY, mieux tromper le vulgaire;
Ils croïoient, qu'un Monarque uniroit leurs desseins,
Que sous ce nom sacré leurs droits seroient plus saints;
Qu'injustement élû, c'étoit beaucoup de l'être,
Et qu'enfin, quel qu'il soit, le François veut un Maître.

 C'est un usage antique, & sacré parmi nous,
Quand la mort sur le Trône étend ses rudes coups,
Et que du sang des Rois si cher à la patrie,
Dans ses derniers canaux la source s'est tarie;
Le peuple au même instant rentre en ses premiers droits,
Il peut choisir un Maître, il peut changer ses loix;
Les Etats assemblez, organes de la France,
Nomment un Souverain, confirment sa puissance;
Ainsi de nos ayeux les augustes Decrets,
Au rang de CHARLEMAGNE ont placé les CA-
PETS.

 La Ligue audacieuse, inquiette, aveuglée,
Ose de ces Etats demander l'Assemblée;
Par-tout on entendoit cette fatale voix,
Que le peuple en tout tems est souverain des Rois.

 Ces maximes alors, en malheurs si fecondes,
          Jettoient

Jettoient dans les esprits des racines profondes ;
On voit de tous côtez s'assembler à grand bruit,
Ces Ligueurs obstinez qu'un fol orgüeil conduit.
Le luxe toûjours né des miseres publiques,
Prépare avec éclat ces états chimériques.

Là ne parurent point les Princes, les Seigneurs,
De nos antiques Pairs, augustes successeurs,
Qui près des Rois assis, nez Juges de la France,
Du pouvoir qu'ils n'ont plus conservent l'aparence ;
Là de nos Parlemens, les sages députez,
Ne deffendirent point nos foibles Libertez ;
Les Lis n'ornerent point ce Tribunal impie,
Sous un Dais étranger l'ambition hardie,
Au milieu des Lorrains renversoit à ses pieds,
Des indignez François, les fronts humiliez ;
Dans ces lieux étonnez Rome & Madrid commandent,
Cent conseils oposez de tout côtez s'entendent,
Le bandeau de l'erreur aveugle tous les yeux,
L'un de la Cour de Rome esclave ambitieux ;
Aux Etats Assemblez insolemment déclare,
Qu'il est tems que les Lis rampent sous la Thiare,
Qu'on érige à Paris ce sanglant Tribunal,
Monument odieux du pouvoir Monacal,

Que l'Espagne a reçû, que l'Univers abhorre,
Qui venge les Autels & qui les deshonore;
Celui-ci corrompu par l'or de l'Iberie,
A l'Espagnol qu'il hait veut vendre sa patrie;
L'autre plus emporté, mais moins lâche en son choix,
Plaçoit déja MAÏENNE au Trône de nos Rois.

Soudain d'Aubrai se leve & demande audience,
Chacun à son aspect garde un morne silence;
Parmi ce peuple lâche & du crime infecté,
D'Aubrai fut toûjours juste & pourtant respecté;
Souvent on l'avoit vu par sa mâle éloquence,
De leurs emportemens réprimer la licence.
Une noble colere éclate dans ses yeux.

Lorsque j'ai vû, dit-il, assemblez en ces lieux,
Les soutiens de l'Eglise, & nos Chefs les plus braves,
J'ai crû voir des François & non point des Esclaves.
Quoi ? sous un joug honteux prompts à vous avilir,
Ne disputez-vous donc que l'honneur de servir;
Ah ! si de sept cens ans les droits héréditaires,
N'ont pû placer BOURBON dans le rang de ses peres;
Si tant de fois vaincus & toûjours moins soumis,
Nous comptons les CAPETS, parmi nos ennemis;
Si le joug de HENRY nous semble un joug trop rude,

Pour-

Pourquoi, faut-il, si loin chercher la servitude,
Et réjetter nos Rois pour aller à genoux,
Attendre qu'un Tiran daigne régner sur nous ?

Pour vous qui destinez MAÏENNE au rang suprême,
Je conçois votre erreur & l'excuse moi-même ;
MAÏENNE a des vertus qu'on ne peut trop chérir,
Et je le choisirois si je pouvois choisir ;
Mais nous avons des loix & ce Héros insigne,
S'il veut monter au Trône en est dès-lors indigne.

Comme il disoit ces mots, MAÏENNE entre soudain,
Avec l'éclat pompeux qui suit un Souverain ;
D'Aubrai le voit entrer sans changer de visage,
Où ? Prince, poursuit-il, d'un ton plein de courage.
Je vous estime assez pour oser contre vous,
Vous parler en ces lieux, pour l'Etat & pour nous ;
Il ne nous convient pas de nous choisir un Maître :
La France a des BOURBONS & Dieu vous a fait naî-
   tre,
Près du suprême rang qu'ils doivent occuper,
Pour soutenir leur Trône, & non pour l'usurper.

Mais j'entends le murmure & la clameur publique,
J'entends les noms affreux de relaps, d'hérétique ;

Je

Je vois d'un zele faux des Prêtres emportez,
Qui le fer à la main... malheureux arrêtez ;
Quelle loi, quel exemple, ou plûtôt quelle rage,
A l'oint de votre Dieu dérobe votre hommage,
Le sang de saint Loüis parjure à ses sermens,
Vient-il de nos Autels briser les fondemens ?
Il vient les proteger, les cherir & s'instruire,
Il vient venger les loix dont vous bravez l'Empire ;
Il sçait dans toute Secte honorer les vertus,
Respecter votre culte, & même vos abus ;
Il laisse au Dieu vivant, qui voit ce que nous sommes,
Le soin que vous prenez de condamner les hommes,
Comme un Roi, comme un pere, il vient vous gou-
 verner,
Et plus Chrétien que vous, il vient vous pardonner.
Tout est libre avec lui, lui seul ne peut-il l'être ?
Quel droit vous à rendus juges de votre Maître ?
Infideles Pasteurs, indignes Citoïens,
Que vous ressemblez mal à ces premiers Chrétiens,
Qui detestant des Dieux de métal & de plâtre,
Marchoient sans murmurer sous un Maître idolâtre ;
Souffroient tout sans se plaindre & sur les échafauts
Sanglans, percez de coups, benissoient leurs bourreaux;

Eux

Eux seuls étoient Chrétiens, je n'en connois point
 d'autres,
Ils mouroient pour leurs Rois, vous massacrez les vô-
 tres ;
Et Dieu que vous peignez implacable & jaloux,
S'il aime à se venger, barbares, c'est de vous.

A ce hardi discours aucun n'osa répondre,
Par des traits trop puissans ils se sentoient confondre,
Et repoussoient en vain de leur cœur irrité,
Cet effroi qu'aux méchans donne la verité.
Le dépit & la crainte agitoit leurs pensées,
Quand soudain mille voix jusqu'au ciel élancées,
Font par-tout retentir avec un bruit confus,
C'en est fait, il aproche, & nous sommes perdus.

Les nuages épais que formoit la poussiere,
Du Soleil dans les champs déroboient la lumiere ;
D'armes & de tambours un bruit plein de terreur,
De la mort qui les suit étoit l'avant-coureur ;
Ainsi des flancs du Nord échapez sur la terre,
Precedez par les vents & suivis du tonnerre,
Un tourbillon de poudre obscurcissant les airs,
Les orages fougueux parcourent l'Univers ;
C'étoit du grand HENRY la redoutable armée,

Qui

Qui lasse du repos & de sang affamée,
Venoit d'un sang rebelle inondant nos sillons,
Aux champs Parisiens planter ses pavillons ;
Ces Lions déchaînez, avides de carnage,
N'attendent que l'assaut, la prise, le pillage,
Le fer vengeur est prêt, les feux sont allumez,
Bientôt ces murs fameux détruits & consumez ;
Cachant sous leurs débris le crime & l'innocence,
Vont être un grand exemple au reste de la France.

Mais d'un peuple barbare ennemi génereux,
HENRY retint ses traits déja tournez sur eux ;
Il vouloit les sauver de leur propre furie,
Haï de ses Sujets, il aimoit sa patrie ;
Aimé pour les punir, prompt à les épargner,
Eux seuls vouloient se perdre, il vouloit les gagner.
Heureux si sa bonté fléchissant son audace,
Forçoit ces malheureux à lui demander grace ;
Seur de les emporter, il les fait investir,
Il laisse à leurs fureurs le tems du repentir :
Il crut que sans combats, sans assauts, sans allarmes,
La disette & la faim plus fortes que ses armes,
Lui livreroient sans peine un peuple inanimé,
Nourri dans la molesse, au luxe accoutumé,

Qui

Qui vaincu par ſes maux, ſouple dans l'indigence,
Viendroit à ſes genoux implorer ſa clemence.
Mais il ne prévit pas en cette occaſion,
Ce que pouvoient les Seize & la religion.

Aux yeux d'un ennemi la clemence eſt foibleſſe;
Les mutins qu'épargnoit cette main vengereſſe,
A peine encor remis de leur juſte terreur,
Alloient inſolemment défier leur vainqueur;
Ils oſoient inſulter à ſa vengeance oiſive.
Mais, lors qu'enfin, les eaux de la Seine captive,
Ceſſerent d'aporter dans ce vaſte ſéjour,
L'ordinaire tribut des moiſſons d'alentour;
Quand on vit dans Paris la faim pâle & cruelle,
Montrant déja la mort qui marchoit après elle;
Alors on entendit des heurlemens affreux,
Ce ſuperbe Paris fut plein de malheureux,
De qui la main tremblante, & la voix affoiblie,
Demandoient vainement le ſoutien de leur vie;
Bientôt le riche même, après de vains efforts,
Eprouva la famine au milieu des Treſors;
Ce n'étoit plus ces jeux, ces feſtins & ces fêtes,
Où de Mirthe & de Roſe, ils couronnoient leurs têtes,
Où parmi cent plaiſirs toûjours trop peu goûtez;

T Les

Les vins les plus parfaits, les mets les plus vantez,
Sous des lambris dorez qu'habite la molesse,
De leur goût dédaigneux irritoient la paresse ;
On vit avec effroi tous ces voluptueux,
Pâles, défigurez, & la mort dans les yeux,
Périssant de misere au sein de l'opulence,
Detester de leurs biens l'inutile abondance ;
Le vieillard dont la faim va terminer les jours,
Voit son fils au berceau qui périt sans secours.
Ici meurt dans la rage une famille entiere,
Plus loin des malheureux couchez sur la poussiere,
Se disputoient encore à leurs derniers momens,
Les restes odieux des plus vils alimens ;
Ces Spectres affamez outrageant la nature,
Vont au sein des tombeaux chercher leur nourriture ;
Des morts épouventez les ossemens poudreux,
Ainsi qu'un pur froment sont preparez par eux ;
Que n'osent point tenter les extrêmes miseres,
On les vit se nourrir des cendres de leurs peres ;
Mais ce mets détestable avança leur trépas,
Et ce repas pour eux fut le dernier repas.

Ces Prêtres cependant, ces Docteurs fanatiques,
Qui loin de partager les miseres publiques,

Bornant

Bornant à leurs besoins tous leurs soins paternels,
Vivoient dans l'abondance à l'ombre des Autels,
Du Dieu qu'ils offensoient attestant la souffrance,
Alloient par-tout du peuple animer la constance ;
Aux uns à qui la mort alloit fermer les yeux,
Leurs liberales mains ouvroient déja les Cieux.
Aux autres ils montroient d'un coup d'œil prophetique ;
Le tonnerre allumé sur un Prince héretique,
Paris bientôt sauvé par des secours nombreux,
Et la mane du Ciel prête à tomber pour eux ;
Hélas ! ces vains apas, ces promesses steriles,
Charmoient ces malheureux à tromper trop faciles ;
Par les Prêtres séduits, par les Seize effraïez,
Soumis, presque contens, ils mouroient à leurs pieds ;
Trop heureux, en effet, d'abandonner la vie.

D'un ramas d'étrangers la Ville étoit remplie ;
Tigres que nos ayeux nourrissoient dans leur sein ;
Plus cruels que la mort, & la guerre & la faim ;
Les uns étoient venus des campagnes Belgiques,
Les autres des Rochers, & des monts Helvetiques ;
Barbares, dont la guerre est l'unique métier,
Et qui vendent leur sang à qui veut le païer ;

T 2 De

De ces nouveaux Tirans les avides cohortes,
Affiegent les Maifons, en enfoncent les portes,
Aux Hôtes effraïez prefentent mille morts,
Non, pour leur arracher d'inutiles trefors;
Non, pour aller ravir d'une main adultere,
Une fille éplorée à fa tremblante mere,
De la cruelle faim le befoin confumant,
Semble étouffer en eux tout autre fentiment ;
Et d'un peu d'alimens la découverte heureufe,
Etoit l'unique but de leur recherche affreufe,
Il n'eft point de tourment, de fuplice & d'horreur,
Que pour en découvrir n'inventât leur fureur.

Une femme Grand Dieu ! faut-il à la mémoire,
Conferver le recit de cette horrible hiftoire ;
Une femme avoit vû par ces cœurs inhumains,
Un refte d'alimens arraché de fes mains,
Des biens que lui ravit la fortune cruelle,
Un enfant lui reftoit prêt à périr comme elle,
Furieufe, elle aproche avec un coutelas,
De ce fils innocent qui lui tendoit les bras ;
Son enfance, fa voix, fa mifere & fes charmes,
A fa mere en fureur arrachent mille larmes ;
Elle tourne fur lui fon vifage effraïé.

Pleu

Plein d'amour, de regret, de rage & de pitié ;
Trois fois le fer échape à sa main défaillante,
La rage, enfin, l'emporte & d'une voix tremblante,
Deteſtant ſon Himen & ſa fecondité,
Cher & malheureux fils que mes flancs ont porté,
Dit-elle, c'eſt en vain que tu reçus la vie,
Les Tirans où la faim l'auront bientôt ravie,
Eh ? Pourquoi vivrois-tu, pour aller dans Paris,
Errant & malheureux pleurer ſur ſes débris ;
Meurs avant de ſentir mes maux & ta miſere,
Rends-moi le jour, le ſang que t'a donné ta mere,
Que mon ſein malheureux te ſerve de tombeau,
Et que Paris du moins voïe un crime nouveau ;
En achevant ces mots, furieuſe, égarée,
Dans les flancs de ſon fils ſa main deſeſperée,
Enfoncé en fremiſſant le parricide acier,
Porte ſon corps ſanglant auprès de ſon foïer ;
Et d'un bras que pouſſoit ſa faim impitoïable,
Prépare avidement ce repas effroïable.
Attirez par la faim les farouches ſoldats,
Dans ces coupables lieux reviennent ſur leurs pas,
Leur tranſport eſt égal à la cruelle joïe,
Des Ours, & des Lions qui fondent ſur leur proïe ;

A

A l'envi l'un de l'autre, ils courent en fureur,
Ils enfoncent la porte. O ! surprise, ô ! terreur,
Près d'un corps tout sanglant à leurs yeux se presente,
Une femme égarée & de sang dégoutante ;
Oüi, c'est mon propre fils, oüi monstres inhumains,
C'est vous qui dans son sang avez trempé mes mains,
Que la mere & le fils vous servent de pâture,
Craignez-vous plusque moi d'outrager la nature :
Quelle horreur à mes yeux semble vous glacer tous,
Tigres de tels festins sont préparez pour vous ;
Ce discours insensé que sa rage prononce,
Est suivi d'un poignard qu'en son cœur elle enfonce.
De crainte à ce spectacle & d'horreur agitez,
Ces monstres confondus courent épouvantez ;
Ils n'osent regarder cette Maison funeste,
Ils pensent voir sur eux tomber le feu celeste ;
Et le peuple effraïé de l'horreur de son sort,
Levoit les mains au Ciel & demandoit la mort.

Jusqu'aux Tentes du Roi, mille bruits en coururent,
Son cœur en fut touché, ses entrailles s'émurent,
Sur ce peuple infidele il répandit des pleurs,
O Dieu ! S'écria-t-il, Dieu qui lis dans les cœurs,
Qui vois ce que je puis, qui connois ce que j'ose,

Des

Des Ligueurs & de moi tu sépares la cause ;
Je puis lever vers toi mes Innocentes mains,
Tu le sçais, je tendois les bras à ces mutins,
Tu ne m'imputes point leurs malheurs & leurs crimes;
Que la Ligue à son gré s'immole ces victimes ;
Que Pellevé, Mendozze, & MAÏENNE & Nemours, A
Des peuples sans pitié laissent trancher les jours,
De mes sujets séduits qu'ils comblent la misere,
Ils en sont les Tirans, j'en dois être le pere ;
Je le suis, c'est à moi de nourrir mes enfans,
Et d'arracher mon peuple à ces loups devorans ;
Dût-il de mes bienfaits s'armer contre moi-même,
Dûssai-je en le sauvant perdre mon Diademe ;
Qu'il vive, je le veux, il n'importe à quel prix,
Sauvons-le malgré lui de ses vrais ennemis,
Et si trop de pitié me coute mon Empire,
Que du moins sur ma tombe, un jour on puisse lire;
HENRY de ses sujets, ennemis généreux,
Aima mieux les sauver que de régner sur eux.

Il dit & dans l'instant, il veut que son Armée,
Aproche sans éclat de la Ville affamée ;
Qu'on porte aux Citoïens des paroles de paix,
Et qu'au lieu de vengeance on parle de bienfaits;

Au

Au seul son de sa voix ses troupes obéïssent,
Les murs en ce moment de peuples se remplissent,
On voit sur les ramparts avancer à pas lents,
Ces corps inanimez, livides & tremblans ;
Tels qu'on feignoit jadis que des Roïaumes sombres,
Les Mages à leur gré faisoient sortir les ombres,
Quand leur voix du Cocite arrêtant les torrens,
Apelloient les enfers, & les manes errans ;
Quel est de ces mourans l'étonnement extrême,
Leur cruel ennemi vient les nourrir lui-même ;
Tourmentez, déchirez par leurs fiers deffenseurs,
Ils trouvent la pitié dans leurs persécuteurs ;
Tous ces évenemens leur sembloient incroïables,
Ils voïoient devant eux ces piques formidables,
Ces traits, ces instrumens des cruautez du sort,
Ces lances qui toujours avoient porté la mort,
Secondant de HENRY la génereuse envie,
Au bout d'un fer sanglant leur aporter la vie ;
Sont-ce là, disoient-ils, ces monstres si cruels ?
Est-ce là ce Tiran si terrible aux mortels,
Cet ennemi de Dieu qu'on peint si plein de rage ?
Hélas ! du Dieu vivant, c'est la brillante image,
C'est un Roi bienfaisant, le modele des Rois,

Nous

Nous ne méritons pas de vivre sous ses loix ;
triomphe, il pardonne, il cherit qui l'offense ;
uisse tout notre sang cimenter sa puissance,
rop dignes du trépas, dont il nous a sauvez,
onsacrons lui ces jours qu'il nous a conservez.

De leurs cœurs attendris tel étoit le langage,
ais qui peut s'assurer sur un peuple volage,
ont la foible amitié s'exhale en vains discours,
ui quelquefois s'éleve & retombe toûjours ;
uinceſtre, dont cent fois la fatale éloquence,
alluma tous ces feux qui consumoient la France ;
uinceſtre se presente à ce peuple abattu,
ombattant sans courage & Chrétien sans vertu.
quel indigne apas vous laissez-vous séduire ?
e connoissez vous plus les palmes du Martyre ?
ldats du Dieu vivant voulez-vous aujourd'hui,
vre pour l'outrager, pouvant mourir pour lui.
and Dieu du haut des Cieux nous montre la Couronne,
rétiens n'attendons pas qu'un Tiran nous pardonne,
ns sa coupable Secte, il veut nous réünir,
ses propres bienfaits songeons à le punir ;
vons nos Temples saints de son culte heretique,

     V. Ainsi

Ainſi parloit Guinceſtre & ſa voix fanatique;
Maitreſſe du vil peuple & redoutable aux Rois,
Des bienfaits de HENRY faiſoit taire la voix,
Et déja quelques uns reprenant leur furie,
S'accuſoient en ſecret de lui devoir la vie.

Enfin les tems affreux alloient être accomplis;
Qu'aux plaines d'Albion le Ciel avoit prédits;
Le ſaint Roi, qui du haut de la voute divine,
Veilloit ſur le Héros dont il eſt l'origine,
Touché de ſa vertu, ſaiſi de tant d'horreurs,
Aux pieds de l'Eternel aporta ſes douleurs.

Au milieu des clartez du feu pur & durable,
Dieu mit avant les Tems ſon Trône inébranlable;
Le Ciel eſt ſous ſes pieds; de mil aſtres divers,
Le cours toûjours reglé l'anonce à l'Univers;
La puiſſance, l'amour, avec l'intelligence,
Unis & ſéparez compoſent ſon eſſence,
Ses ſaints dans les douceurs d'une éternelle paix,
D'un torrent de plaiſirs, enyvrez à jamais,
Pénetrez de ſa gloire & remplis de lui-même,
Adorent à l'envi Sa Majeſté ſuprême;
Par des coups effraïans, ſouvent ce Dieu jaloux,
A ſur les Nations étendu ſon courroux;

Mais toûjours pour le juste il eut des yeux propices ;
Il le soutient lui-même au bord des précipices,
Epure sa vertu dans les adversitez,
Combat pour sa deffense & marche à ses côtez.

Le Pere des BOURBONS à ses yeux se presente,
Et lui parle en ces mots d'une voix gémissante,
Pere de l'Univers si tes yeux quelquefois,
Honorent d'un regard les peuples & les Rois ;
Vois le peuple François à son Prince rebelle ;
S'il viole tes loix c'est pour t'être fidele,
Aveuglé par son zele, il te désobéït,
Et pense te venger alors qu'il te trahit.
Vois ce Roi triomphant, ce foudre de la guerre,
L'exemple, la terreur, & l'amour de la terre,
Avec tant de vertu, n'as-tu formé son cœur,
Que pour l'abandonner aux pieges de l'erreur ?
Faut-il que de tes mains le plus parfait ouvrage,
N'offre au Dieu qui l'a fait qu'un criminel homage.
Ah ! si du grand HENRY ton culte est ignoré,
Par qui le Roi des Rois veut-il être adoré,
Daigne éclairer ce cœur créé pour te connoître,
Donne à l'Eglise un Fils, donne à la France un Maître,
Des Ligueurs obstinez confonds les vains projets,

V 2   Rends

Rends les sujets au Prince, & le Prince aux sujets,
Que tous les cœurs unis adorent ta justice,
Et t'offrent dans Paris le même sacrifice.

L'Eternel à ses vœux se laissa pénetrer,
Par un mot de sa bouche il daigna l'assurer;
A sa divine voix les Astres s'ébranlerent,
La terre en tressaillit, les Ligueurs en tremblerent,
Le Roi qui dans le Ciel avoit mis son apui,
Sentit que le Très-haut s'interressoit pour lui;
Soudain la verité si long-tems attenduë,
Toûjours chere aux humains, mais souvent inconnuë
Dans les tentes du Roi, descend du haut des Cieux,
D'abord un voile épais la cache à tous les yeux,
De moment en moment, les ombres qui la couvrent,
Cedent à la clarté des feux qui les entr'ouvrent;
Bientôt elle se montre à ses yeux satisfaits,
Brillante d'un éclat qui n'éblouït jamais;
HENRY, dont le grand cœur étoit formé pour elle,
Voit, connoit, aime enfin sa lumiere immortelle,
Ces raïons desirez enflament ses esprits,
Il avance avec elle aux ramparts de Paris,
Il parle & les ramparts tombent en sa presence,
Les Ligueurs éperdus implorent sa clemence;

Le

les Prêtres sont muets, les Seize épouventez;
En vain cherchent pour fuïr des antres écartez,
Et le peuple à genoux dans ce jour salutaire,
Reconnoit son vrai Roi, son vainqueur & son pere.

F I N.

REMARQUES

SUR

LE PREMIER CHANT.

Maugiron, S. Maigrin, Joyeuse & d'Espernon. (A)

C'Etoit eux qu'on apelloit les Mignons de HENRY III. S. LUC, LIVAROT, VILLEQUIER, DUGUAST & sur-tout CAILUS, eurent part aussi à sa faveur & à ses débauches: il est certain qu'il eut pour ce dernier, une passion capable des plus grands excès. Dans sa premiere jeunesse on lui avoit déja reproché ses goûts; il avoit eu une amitié fort équivoque pour ce même Duc de GUISE qu'il fit depuis tuer à Blois.

X   Le

Le Docteur Boucher dans son Livre, *de justa Henrici Tertii abdicatione*, ose avancer que la haine de HENRI III. pour le Cardinal de GUISE, n'avoit d'autre fondement que les refus qu'il en avoit essuïez dans sa jeunesse ; mais ce conte ressemble à toutes les autres calomnies dont le Livre de Boucher est rempli.

HENRY III. mêloit avec ces Mignons la Religion à la débauche, il faisoit avec eux des Retraites, des Pellerinages, & se donnoit la discipline. Il institua la Confrerie de la Mort, soit pour la mort d'un de ses Mignons, soit pour celle de la Princesse de CONDE' sa Maîtresse, les Capucins & les Minimes étoient les Directeurs des Confreres, parmi lesquels il admit quelques Bourgeois de Paris, ces Confreres étoient vêtus d'une Robe d'étamine noire avec un capuchon. Dans une autre Confrerie toute contraire, qui étoit

celle

celle des Penitens blancs, il n'admit que ses Courtisans. Il étoit très-persuadé comme quelques Theologiens du tems, que ces mommeries expioient les péchez d'habitude, on tient que les Statuës de ses Confreres, leurs habits, leurs regles étoient des emblêmes de ses amours, & que le Poëte Desportes Abbé de Tiron, un des plus fins Courtisans de ce tems-là, les avoit expliquez dans un Livre qu'il jetta depuis au feu.

HENRY III. vivoit d'ailleurs dans la molesse & dans l'affeterie d'une femme coquette; il couchoit avec des gants d'une peau particuliere pour conserver la beauté de ses mains, qu'il avoit effectivement plus belles que toutes les femmes de sa Cour, il mettoit sur son visage une pâte préparée & une espece de masque par-dessus: c'est ainsi qu'en parle le Livre des Hermaphrodites, qui circonstancie les moindres détails sur son coucher, sur son lever & sur ses ha-
bille-

billemens. Il avoit une exactitude scrupuleuse sur la propreté dans la parure; il étoit si attaché à ces petitesses, qu'il chassa un jour le Duc d'Espernon de sa presence, parce qu'il s'étoit presenté devant lui sans escarpins blancs & avec un habit mal boutonné.

Loüis de Maugiron Baron d'Ampus, dont il est ici question, étoit l'un des Mignons pour qui HENRY III. eut le plus de foiblesse. C'étoit un jeune homme d'un grand courage & d'une grande esperance, il avoit fait de fort belles actions au siége d'Issoire, où il avoit eu le malheur de perdre un œil. Cette disgrace lui laissoit encore assez de charmes pour être infiniment du goût du Roi, on le comparoit à la Princesse d'EBOLI qui étant borgne comme lui, étoit dans le même-tems Maitresse de PHILIPPE II. Roi d'Espagne, on dit que ce fut pour cette Princesse & pour Maugiron, qu'un Italien fit ces quatre beaux Vers renouvelez depuis : *Lumi-*

Lumine Acon dextro, capta est leonida sinistro,
Et poterat forma vincere uterque Deos,
Parve puer lumen quod habes concede puellæ,
Sic tu cæcus amor, sic erit illa venus.

Maugiron fut tué le 27 d'Avril 1578, en servant CAILUS dans sa querelle....

PAUL STUART de Caussade de saint Maigrin Gentilhomme d'auprès de Bordeaux, fut aimé de HENRY III. autant que Cailus & Maugiron, & mourut d'une maniere aussi tragique; il fut assassiné le 21 Juillet de la même année dans la ruë saint Honoré, sur les onze heures du soir, en revenant du Louvre. Il fut porté à ce même Hôtel de Boisy où étoient morts ses deux amis; & il y mourut le lendemain de 34 blessures qu'il avoit reçûs la veille. Le Duc de GUISE le balafré, fut soupçonné de cet assassi-

assassinat, parce que saint Maigrin s'étoit vanté d'avoir couché avec la Duchesse de Guise; les Mémoires du tems raportent que le Duc de Maïenne fut reconnu parmi les assassins, à sa barbe large & à sa main faite en épaule de mouton.

Le Duc de Guise ne passoit pourtant point pour un homme trop severe sur la conduite de sa femme, & il n'y a pas d'aparence que le Duc de Maïenne, qui n'avoit jamais fait aucune action de lâcheté, se fut avili jusqu'à se mêler dans une troupe de vingt assassins pour tuer un seul homme.

Le Roi baisa S. Maigrin, Cailus, & Maugiron, après leur mort, les fit raser, & garda leurs blonds cheveux, il ôta de sa main à Cailus des boucles d'oreilles qu'il lui avoit attachées lui-même, Monsieur de l'Etoile dit que ces trois Mignons moururent sans aucune Réli-

Religion, Maugiron en blasphémant, Cailus, en disant à tous momens: Ah! mon Roi, mon Roi, sans dire un seul mot de Jesus-Christ, ni de la Vierge.

Ils furent enterrez à S. Paul, le Roi leur fit élever dans cette Eglise trois Tombeaux de marbre sur lesquels étoient leurs figures à genoux, leurs Tombeaux, furent chargez d'Epitaphes en Proses & en Vers, en Latin & en François. On y comparoit Maugiron à Horatius-cocles, & à Annibal, parce qu'il étoit borgne comme eux. On ne raporte point ici ces Epitaphes, quoiqu'elles ne se trouvent que dans les antiquitez de Paris, imprimez sous le régne de HENRY III. Il n'y a rien de remarquable, ni de trop bon dans ces monumens; ce qu'il y a de meilleur, c'est l'Epitaphe de Cailus.

Non injuriam, sed mortem patienter tulit,
Il ne put souffrir un outrage & souffrit constam-
ment la mort.

(B) *On aborde bien-tôt les champs de l'Angleterre.*

Ceux qui n'aprouvent point cet episode peuvent dire qu'il ne paroît pas permis de mêler ainsi le mensonge, à la verité dans une histoire si récente, que les savans dans l'Histoire de France en doivent être choquez; & les ignorans peuvent en être induits en erreur; que si les fictions ont droit d'entrer dans un poëme Epique, il faut que le lecteur les reconnoisse aisément pour telles, que quand on personifie les passions, que l'on peint la politique & la discorde allant de Rome à Paris; l'amour enchaînant HENRY IV. &c. personne ne peut être trompé à ces peintures; mais que lorsque l'on voit HENRY IV. passer la mer pour demander du secours à une Princesse de sa Religion, on peut croire facilement que ce Prince a fait effectivement ce voïage, qu'en un mot une telle épisode doit être moins regardée comme une imagination de Poëte te, que comme un mensonge d'Historien.

Ceux qui sont du sentiment contraire peuvent oposer à ses raisons, que non-seulement il est permis à un Poëte d'alterer l'histoire dans les faits qui ne sont point principaux, mais qu'il est impossible de ne le pas faire; qu'il n'y a jamais eû d'évenement dans le monde tellement disposé par le hasard qu'on en pût faire un Poeme épique sans y rien changer; qu'il ne faut pas avoir plus de scrupule dans le Poeme que dans la Tragédie où l'on pousse beaucoup plus loin la liberté de ces changemens. Car si l'on étoit trop servilement attaché à l'histoire, on tomberoit dans le défaut du Lucain qui fit une Gazette en Vers au lieu d'un Poeme épique. A la verité il seroit ridicule de transposer des évenemens principaux & dépendans les uns des autres, de placer la bataille d'Ivry avant la bataille de Cou-

Y tras

tras, & la S. Barthelemi après les baricades. Mais l'on peut fort bien faire passer secretement HENRY. IV. en Angleterre, sans que ce Voyage qu'on supose ignoré des Parisiens mêmes, change en rien la suite des évenemens historiques, les mêmes lecteurs qui sont choquez qu'on lui fasse faire un trajet de mer de quelques lieues, ne seroient point étonnez qu'on le fît aller en Guienne qui est quatre fois plus éloignée. Que si Virgile a fait venir en Italie Enée qui n'y alla jamais, s'il l'a rendu amoureux de Didon qui vivoit trois cens ans après lui, on peut sans scrupule faire rencontrer ensemble HENRY IV. & la Reine Elisabeth qui s'estimoient l'un l'autre, & eurent toûjours un grand desir de se voir. Virgile, dira-t'on, parloit d'un tems très-éloigné ; il est vrai. Mais ses évenemens tous reculez qu'ils étoient dans l'antiquité étoient très-connus. L'Iliade & l'histoire de Cartage étoient aussi familieres aux Romains que nous

le

le font nos histoires les plus récentes : il est autant permis à un Poete François de tromper le Lecteur de quelques lieues qu'à Virgile de tromper de trois cens ans. Enfin ce mélange de l'Histoire & de la Fable est une regle établie & suivie, non-seulement dans tous les Poemes mais dans tous les Romans. Ils sont remplis d'avantures qui à la verité ne sont pas raportez dans l'histoire, mais qui ne sont pas démenties par elle, il suffit pour établir le Voyage de HENRY en Angleterre de trouver un tems où l'histoire ne donne point à ce Prince d'autres occupations. Or il est certain qu'après la mort des Guises, HENRY a pu faire ce Voyage qui n'est que de quinze jours au plus & qui peut aisément être de huit. D'ailleurs cette Episode est d'autant plus vrai-semblable que la Reine Elisabeth envoïa effectivement six mois après à HENRY le Grand, quatre mille Anglois; de plus il faut remarquer qu'il n'y a que HENRY IV.

IV. le Héros du Poeme qui puisse conter dignement l'Histoire de la Cour de France, & qu'il n'y a gueres qu'Elisabeth qui puisse l'entendre, Enfin il s'agit de savoir si les choses que se disent HENRY IV. & la Reine Elisabeth, sont assez bonnes pour excuser cette fiction dans l'esprit de ceux qui la condamnent, & pour autoriser ceux qui l'aprouvent.

(C) *De tous ses Favoris Sully seul l'acompagne.*

On a choisi le Duc de Sully parce qu'il étoit de la Religion Prétendue Réformée, qu'il fut toûjours inséparablement attaché à sa Religion & à son Maître, & que depuis même il alla Ambassadeur en Angleterre. Il nâquit à Rony en 1559. & mourut à Ville-Bon en 1641. ainsi il avoit vu HENRY II. & Loüis XIV. il fut grand Voïer & grand Maître de l'Artillerie, grand Maître des Ports de France, Surintendant des Finances, Duc & Pair & Maréchal de France.

France. C'est le seul homme à qui on ait jamais donné le Bâton de Maréchal comme une marque de disgrace. Il ne l'eut qu'en échange de la charge de Grand Maître de l'Artillerie que la Reine Regente lui ôta en 1634. il étoit très-brave homme de Guerre & encore meilleur Ministre, incapable de tromper le Roi & d'être trompé par les Financiers, il étoit inflexible pour les Courtisans dont l'avidité est insatiable, & qui trouvoient en lui une rigueur conforme à l'humeur œconome de HENRY IV. Ils l'apelloient le Negatif, & on disoit que le mot de oüi n'étoit jamais dans sa bouche, avec cette vertu severe il ne plut jamais qu'à son Maître, & le moment de la mort de HENRY IV. fut celui de sa disgrace. Le Roi Loüis XIII. le fit revenir à la Cour quelques années après pour lui demander ses avis, il y vint quoiqu'avec répugnance ; les jeunes Courtisans qui gouvernoient Loüis XIII. voulurent selon l'usage
donner

donner des ridicules à ce vieux Ministre qui reparoissoit dans une jeune Cour avec des habits & des airs passez de mode il y avoit long-tems. Le Duc de Sully qui s'en aperçut, dit au Roi, SIRE, quand le Roi votre pere de glorieuse mémoire me faisoit l'honneur de me consulter, nous ne commencions à parler d'affaire qu'au préalable on n'eut fait passer dans l'antichambre les baladins & les boufons de la Cour.

Il composa dans sa solitude, de Sully des Mémoires dans lesquels régne un air d'honnête-homme avec un stile naïf, mais diffus.

On y trouve quelques Vers de sa façon, qui ne vallent pas mieux que sa Prose, voici ceux qu'il composa en se retirant de la Cour, sous la Régence de Marie de MÉDICIS.

Adieu Maisons, Châteaux, armes, canons du Roi,
Adieu Conseils, Tresors déposez à ma foi,

Adieu munitions, adieu grands équipages;
Adieu tant de rachats, adieu tant de ménages;
Adieu faveurs, grandeurs, adieu le tems qui court;
Adieu les amitiez, & les amis de Cour, &c.

Il ne voulut jamais changer de Religion, cependant il fut des premiers à conseiller à HENRY IV. d'aller à la Messe.

Le Cardinal du Perron l'exhortant un jour à quitter la Calvinisme, il lui répondit je me ferai Catholique quand vous aurez suprimé l'Evangile; car il est si contraire à l'Eglise Romaine que je ne peux pas croire que l'un & l'autre aïent été inspirez par le même Esprit.

Le Pape lui écrivit un jour une Lettre remplie de loüange sur la sagesse de son Ministere; le Pape finissoit sa Lettre comme un bon Pasteur, par prier Dieu qu'il ramenât sa Brebis égarée & conjuroit le Duc de Sully de se servir de ses lumie-

Lumieres pour entrer dans la bonne voïe, le Duc lui répondit sur le même ton, il l'assura qu'il prioit Dieu tous les jours pour la conversion de sa sainteté. Cette Lettre est dans ses Mémoires.

REMARQUES
SUR
LE DEUXIÉME CHANT.

Je ne décide point entre Genéve & Rome, &c. (A)

Quelques Lecteurs peu attentifs pouront s'éfaroucher de la hardiesse de ces expressions. Il est juste de ménager sur cela leur scrupule & de leur faire considérer que les mêmes paroles qui seroient une impiété dans la bouche d'un Catholique, sont très-bien séantes dans celle d'un Roi de Navarre, il étoit alors Calviniste, beaucoup de nos Historiens mêmes, nous le peignent flottant entre les deux Religions, & certainement s'il ne jugeoit de l'une & de l'autre que par la conduite des deux partis, il devoit se défier de deux cultes qui n'étoient soutenus alors que par des crimes. On le donne dans tout le Poëme pour un homme de bien qui cherche de bonne foi à s'éclairer, par-là on satisfait à l'obligation de tout Ecrivain d'être moral & instructif.

(B) *Mon pere malheureux à la Cour enchaîné.*

Antoine de BOURBON Roi de Navarre, pere du plus intrépide & du plus ferme de tous les hommes, fut le plus foible & le moins décidé, il étoit Huguenot & sa femme Catholique. Ils changerent tous deux de Religion presque en même-tems.

Jeanne Dalbret fut depuis Huguenote opiniatre, mais Antoine chancela toûjours dans sa Catholicité, jusques-là même qu'on douta dans quelle Religion il mourut. Il porta les armes contre les Protestans qu'il aimoit, & servit Catherine de MEDICIS qu'il détestoit.

Il songea à la Régence après la mort de FRANÇOIS II. la Reine Mere l'envoïa

voïa chercher, je sai lui dit-elle, que vous prétendez au Gouvernement, je veux que vous me le cédiez tout à l'heure par un écrit de votre main, & que vous vous engagiez à me remettre la Régence si les Etats vous la déferent. Antoine de BOURBON donna l'écrit que la Reine lui demandoit & signa ainsi son deshonneur. C'est à cette occasion que l'on fit ces Vers que j'ai lus dans les manuscrits de Mr. le Premier Président de Mesme.

Marc Antoine qui pouvoit être
Le plus grand Seigneur & le Maître
De son Païs, s'oublia tant
Qu'il se contenta d'être Antoine,
Servant lâchement une Reine, *
Le Navarois en fait autant.

Après la fameuse conjuration d'Amboise, un nombre infini de Gentilshomme vinrent offrir leurs services & leurs vies à Antoine de Navarre, il se mit

* Cleopâtre,

mit à leur tête, mais il les congédia bientôt en leur promettant de demander grace pour eux. Songez seulement à l'obtenir pour vous, lui répondit un vieux Capitaine, la nôtre est au bout de nos épées :

Il mourut à l'âge de 44. ans d'un coup d'arquebuse reçu dans l'épaule gauche, au siége de Roüen où il commandoit ; sa mort arriva le 17. Novembre 1562. le 35. jour de sa blessure. L'incertitude qu'il avoit eu pendant sa vie le troubla dans ces derniers momens, & quoiqu'il eût reçu ses Sacremens à l'usage de l'Eglise Romaine, on douta s'il ne mourut point Protestant, il avoit reçu le coup mortel dans la tranchée dans le tems qu'il pissoit. Aussi lui fit-on cette Epitaphe.

Ami, François le Prince ici gissant,
Vécut sans gloire & mourut en pissant.

Il y en a une dans Mr. le Laboureur
qui

qui reſſemble à celle-là & finit par le même hemiſtiche. Mr. Jurieu aſſure que lorſque Loüis Prince de Condé étoit en priſon à Orleans, le Roi de Navarre ſon frere alloit ſoliciter le Cardinal de Lorraine, & que celui-ci recevoit aſſis & couvert le Roi de Navarre qui lui parloit debout & nuë tête : je ne ſai où Mr. Jurieu a pu déterrer ce fait.

Condé qu'il vit en moi le ſeul fils de ſon frere. (C)

Loüis de Condé frere d'Antoine Roi de Navarre le ſeptiéme & dernier des enfans de Charles de Bourbon Duc de Vendôme, fut un de ces hommes extraordinaires nez pour le malheur & pour la gloire de leur Patrie. Il fut longtems le chef des Réformez, & mourut, comme l'on ſait, à Jarnac. Il avoit un bras en écharpe le jour de la Bataille : Comme il marchoit aux ennemis le cheval du Comte de la Rochefoucaut ſon Beau-frere lui donna un coup de pied qui lui caſſa la jambe. Ce Prince ſans
daigner

daigner se plaindre s'adressa aux Gentilshommes qui l'accompagnoient, aprenez leur dit-il, que les chevaux fougueux nuisent plus qu'il ne servent dans une armée : un moment après il leur dit avec un bras en écharpe & une jambe cassée, le Prince de CONDE' ne craint point de donner la Bataille, puisque vous le suivez & chargea dans le moment.

Brantôme dit qu'après que le Prince se fut rendu prisonnier à *Dargence* dans cette Bataille, arriva un très-honnête & très-brave Gentilhomme, nommé Montesquiou qui ayant demandé qui c'étoit, Comme on lui dit que c'étoit Monsieur le Prince, tuez, tuez mordieu dit-il, & lui tira un coup de pistolet dans la tête. Ce Prince étoit bossu & petit, & cépendant plein d'agrémens, spirituel, galant, aimé des femmes, on fit sur lui ce Vaudeville.

Ce petit homme tant joli,
Toûjours cause & toûjours rit,
Et toûjours baise sa Mignonne,
Dieu gard de mal le petit homme.

La Maréchalle de S. André se ruina pour lui, & lui donna entr'autres presens la terre de S. Valleri qui depuis est devenuë la sépulture des Princes de Condé.

Jamais Général ne fût plus aimé de ses soldats, on en vit à Pontamousson un exemple étonnant. Il manquoit d'argent pour ses troupes & sur-tout pour les Rêtres qui étoient venus à son secours & qui menaçoient de l'abandonner. Il osa proposer à son Armée qu'il ne païoit point, de païer elle-même l'Armée auxiliaire ; & ce qui ne pouvoit jamais arriver que dans une Guerre de Religion & sous un Général tel que lui, toute son Armée se cotisa jusqu'au moindre goujat.

Il

Il fut condamné à Orléans à perdre la tête, mais on ignore si l'Arrêt fut signé : la France fut étonnée de voir un Pair Prince du sang qui ne pouvoit être jugé que par la Cour des Pairs, les Chambres Assemblées, obligé de répondre devant des Commissaires, mais ce qui parut le plus étrange fût que ces Commissaires même fussent tirez du Corps du Parlement, c'étoit Christophe de Thou depuis Premier Président & pere de l'Historien, Barthelemy Faye, Jacques Viole Conseiller, Bourdin Procureur Géneral & du Tillet Greffier, qui tous, en acceptant cette commission, dérogeoient à leurs Privileges, & s'ôtoient par là la liberté de reclamer leurs droits, si jamais on leur eu voulu donner à eux-mêmes dans l'occasion d'autres juges que leurs juges naturels.

Il ne faut pas obmettre un artifice de Cour, dont on se servit pour perdre ce Prince qui se nommoit Loüis, ses ennemis

nemis firent fraper une Médaille qui le repreſentoit, il y avoit pour Légende Loüis XIII. *Roi de France*, on fit tomber cette Médaille entre les mains du Connétable de Montmorency qui la montra tout en colere au Roi, perſuadé que le Prince de COND E' l'avoit fait fraper.

 Coligni de Condé le digne ſucceſſeur, &c. (D)

 Quelques perſonnes m'ont reproché d'avoir fait mon Héros dans ce ſecond Chant d'un Huguenot révolté contre ſon Roi & accuſé par la voix publique de l'aſſaſſinat de François de GUISE; cette critique loüable eſt fondée ſur l'obéiſſance au ſouverain qui doit faire le principal caractere d'un Héros François: mais il faut conſidérer que c'eſt ici HENRY IV. qui parle, il avoit fait ſes premieres campagnes ſous l'Amiral qui lui avoit tenu lieu de pere. Il avoit été accoutumé à le reſpecter & ne devoit ni ne pouvoit le ſoupçonner d'aucune

A a   cune

cune action indigne d'un grand homme, sur-tout après la justification publique de Coligni qui ne pouvoit paroître douteuse au Roi de Navarre.

A l'égard de la révolte, ce n'étoit pas à ce Prince à regarder comme un crime dans l'Amiral, son union avec la Maison de BOURBON, contre des Lorrains & une Italienne. Quant à la Religion, ils étoient tous deux Protestans, & les Huguenots dont HENRY IV. étoit le Chef, regardoient l'Amiral comme un Martyr.

(E) *Je ne suis point injuste & je ne prétens pas,*
A Medicis encore imputer son trépas.

Jeanne d'Albret attirée à Paris avec les autres Huguenots, mourut après cinq jours d'une fievre maligne : le tems de sa mort, les massacres qui la suivoient, la crainte que son courage auroit pû donner à la Cour, enfin sa maladie qui commença après avoir acheté des gants & des colets parfumez,
chez

chez un parfumeur nommé René, venu de Florence avec la Reine & qui passoit pour un empoisonneur public, tout cela fit croire qu'elle étoit morte de poison. On dit même que ce René se vanta de son crime & osa dire publiquement qu'il en préparoit autant à deux grands Seigneurs qui ne s'en doutoient pas. Mezerai dans sa grande Histoire semble favoriser cette opinion, en disant que les Chirurgiens qui ouvrirent le corps de la Reine, ne toucherent point à la tête où l'on soupçonnoit que le poison avoit laissé des traces trop visibles. On n'a point voulu mettre ces soupçons dans la bouche de HENRY IV. parce qu'il est juste de se défier de ces idées populaires, qui n'attribuent jamais la mort des Grands à des causes naturelles. Le peuple sans rien aprofondir, regarde toûjours comme coupables de la mort d'un Prince ceux à qui la mort est utile. On poussa la licence de ces soupçons jusqu'à accuser Catherine de MEDICIS de la mort de ses propres enfans ; cependant il n'y a jamais eu de preuves que ni ces Princes, ni Jeanne d'Albret dont il est question ici, soient morts empoisonnez.

Il n'est pas vrai (comme le prétend Mezerai) qu'on n'ouvrit point le cerveau de la Reine de Navarre ; elle avoit recommandé expressement qu'on visitât avec exactitude cette partie, après sa mort. Elle avoit été tourmentée toute sa vie de grandes douleurs de tête accompagnée de demangeaisons, & avoit ordonné qu'on cherchât soigneusement la cause de ce mal, afin qu'on pût le guérir dans ses Enfans s'ils en étoient atteints. La cronique novennaire raporte formellement que Caillard son Médecin & des Nœuds son Chirurgien, dissequerent son cerveau qu'il trouverent très-sain, qu'ils aperçurent seulement de petites bubes d'eau logées entre le crane & la pellicule qui enveloppe le cer-

cerveau, ce qu'ils jugerent être cause des maux de tête dont la Reine s'étoit plainte, ils attesterent d'ailleurs qu'elle étoit morte d'un abcès formé dans la poitrine. Il est à remarquer que ceux qui l'ouvrirent étoient Huguenots, & qu'aparemment ils auroient parlé de poison, s'ils y avoient trouvé quelque vrai-semblance. On peut me répondre qu'ils furent gagnez par la Cour : mais Desnœuds Chirurgien de Jeanne d'Albret, Huguenot passionné, écrivit depuis des Libelles contre la Cour, ce qu'il n'eut pas fait, s'il se fût vendu à elle : & dans ces Libelles il ne dit point que Jeanne d'Albret ait été empoisonnée. De plus il n'est pas croïable qu'une femme aussi habile que Catherine de MEDICIS, eut chargé d'une pareille commission un misérable Parfumeur, qui avoit dit-on l'insolence de s'en vanter.

Jeanne d'Albret étoit née en 1530. de
HENRY.

Henry d'Albret Roi de Navarre, &
& de Marguerite sœur de François I.
à l'âge de onze ans on la maria à Guillaume Duc de Cleves, elle n'habita pas
avec son mari. Le mariage fut déclaré
nul deux ans après par le Pape Paul III.
& elle épousa Antoine de Bourbon.
Ce second mariage contracté du vivant
du premier mari, donna lieu depuis
aux Prédicateurs de la Ligue de dire publiquement dans leurs Sermons contre
Henry IV. qu'il étoit batard; mais ce
qu'il y eut de plus étrange fut que les
Guises & entr'autres ce François de
Guise qu'on dit avoir été si bon Chrétien, abuserent de la foiblesse d'Antoine de Bourbon, au point de lui persuader de répudier sa femme dont il avoit
des enfans, pour épouser leur Niece &
se donner entierement à eux. Peu s'en
falut que le Roi de Navarre ne donnât
dans ce piege. Jeanne d'Albret mourut
à 44. ans. le 9. Juin 1572.

M. Baile

M. Baile dans ses réponses aux questions d'un Provincial, dit qu'on avoit vû de son tems en Hollande, le fils d'un Ministre nommé Goion qui passoit pour petit fils de cette Reine : on prétendoit qu'après la mort d'Antoine de Navarre elle s'étoit mariée en secret à un Gentilhomme nommé Goion, dont elle avoit eu ce Ministre.

On l'insulte, on l'outrage encore après sa mort. (F)

Il est impossible de savoir s'il est vrai que l'on envoïa la tête de l'Amiral à Rome, comme l'assurent les Protestans. La populace traina son corps par les ruës, & le pendit par les pieds avec une chaîne de fer au gibet de Montfaucon.

Le Roi eut la cruauté d'aller lui-même avec sa Cour à Montfaucon joüir de ce spectacle horrible, quelqu'un lui ayant dit que le corps de l'Amiral sentoit mauvais, il répondit, le corps d'un ennemi mort sent toûjours bon, l'Empereur

pereur Vitellius avoit fait la même réponse en passant dans la plaine ou Othon avoit été défait.

Le Parlement rendit un Arrêt contre le mort, par lequel il ordonna que son corps trainé sur une claye seroit pendu en Greve, ses enfans déclarez Roturiers & incapables de posseder aucune Charge, sa Maison de Chatillon sur Loin rasée, les arbres coupez, &c. Et que tous les ans on feroit une Procession le jour de la S. Barthelemy, pour remercier Dieu de la découverte de la conspiration, à laquelle l'Amiral n'avoit pas songé.

Le Parlement avoit mis quelques années auparavant sa tête à cinquante mille écus, il est assez singulier que ce soit précisément le même prix qu'il mit depuis à celle du Cardinal Mazarin: le génie des François est de tourner en plaisanterie les évenemens les plus affreux

freux, on debita un petit Ecrit intitulé, *Paſſio Domini noſtri Gaſpardi Coligni ſecundùm Bartholomæum.*

Mezeray Raporte dans ſa grande Hiſtoire un fait dont il eſt très-permis de douter, il dit que quelques années auparavant le Gardien du Convent des Cordeliers de Xaintes nommé Michel Crellet, condamné par l'Amiral à être pendu, lui prédit qu'il mourroit aſſaſſiné, qu'il ſeroit jetté par les fenêtres & enſuite pendu lui-même.

Nota, qu'on porta à Catherine de MEDICIS avec la tête de l'Amiral, une caſſette où étoient les manuſcrits de l'Amiral & ſur-tout l'Hiſtoire de ſon tems Ecrite de ſa main. De nos jours un Partiſan aïant acheté une terre qui avoit apartenu aux Colignis, y trouva dans le parc à quelques pieds ſous terre, un coffre de fer rempli de papiers qu'il fit jetter au feu comme n'étant d'aucun raport.

Bb *De*

(G) *De Caumont jeune enfant l'étonnante avanture.*

Le jeune Caumont dont il est ici question, est le fameux Maréchal de la Force, qui depuis se fit une si grande réputation & qui vécut jusqu'à l'âge de 93. ans. Mezerai dans sa grande histoire dit, que son pere, son frere & lui couchoient dans un même lit, que son pere & son frere y furent massacrez & qu'il échapa par miracle, &c. C'est sur la foi de cet Historien que j'ai mis en Vers cette avanture.

Les circonstances dont Mezerai apuïe son recit, ne me permettoient pas de douter de la verité du fait, tel qu'il le raporte : mais depuis Monsieur le Duc de la Force m'a fait voir les mémoires, Manuscrits de ce même Maréchal de la Force écrits de sa propre main: le Maréchal y conte son avanture tout d'un autre façon; cela fait voir comme il faut se fier aux Historiens.

Voici

Voici les particularitez curieuses que le Maréchal de la Force raconte de la S. Barthelemy.

Deux jours avant la S. Barthelemy, le Roi avoit ordonné au Parlement de relacher un officier qui étoit prisonnier à la Conciergerie, le parlement n'en ayant rien fait, le Roi avoit envoïé quelques-uns de ses Gardes enfoncer les portes de la prison & tirer de force le prisonnier, le lendemain le Parlement vint faire ses remontrances au Roi, tous ces Messieurs avoient mis leurs bras en écharpe pour faire voir à CHARLES IX. qu'il avoit estropié sa Justice, tout cela avoit fait beaucoup de bruit, & au commencement du massacre on persuada d'abord aux Huguenots que le tumulte qu'ils entendoient venoit d'une sédition excitée dans le peuple à l'occasion de l'affaire du Parlement.

Cependant un maquignon qui avoit vû

vû le Duc de GUISE entrer avec des satellites chez l'Amiral & qui se glissant dans la foule avoit été témoin de l'assassinat de ce Seigneur, courut aussitôt en donner avis au Sieur de *Caumont la Force* à qui il avoit vendu dix chevaux huit jours auparavant.

La Force & ses deux fils logeoient au Fauxbourg S. Germain aussi-bien que plusieurs Calvinistes, il n'y avoit point encore de pont qui joignit ce Fauxbourg à la Ville. On s'étoit saisi de tous les Bateaux par ordre de la Cour, pour faire passer des assassins dans le Fauxbourg. Ce maquignon se jette à la nage passe à l'autre bord & avertit Mr. de la Force de son danger. La force étoit déja sorti de sa Maison, il avoit encore le tems de se sauver, mais voïant que ses enfans ne venoient pas il retourna les chercher, à peine est-il rentré chez lui que les assassins arrivent, un nommé Martin à leur tête, entre dans sa Chambre, le desarme
lui

lui & ses deux enfans & lui dit avec des
sermens affreux qu'il faut mourir, la Force lui proposa une rançon de deux mille écus, le Capitaine l'accepte, la Force lui jure de la païer dans deux jours, & aussi-tôt les assassins après avoir tout pillé dans la Maison, font mettre à la Force & à ses enfans leurs mouchoirs en croix sur leur chapeaux, leur font retrousser leur manche droite sur l'épaule, c'étoit la marque des meurtriers, en cet état ils leur font passer la Riviere & les amenent dans la Ville, le Maréchal de la Force assure qu'il vit la Riviere couverte de morts, son pere, son frere & lui aborderent devant le Louvre, là ils virent égorger plusieurs de leurs amis & entr'autres le brave de Piles pere de celui qui tua en duel le fils de Malherbe. De-là le Capitaine Martin mena ses prisonniers dans sa maison, rüe des petits Champs, fit jurer à la Force que lui ni ses enfans ne sortiroient point de-là avant d'avoir païé les deux mille écus,

les

les laissa en garde à deux soldats Suisses, & alla chercher quelqu'autres Calvinistes à massacrer dans la Ville.

L'un des deux Suisses touché de compassion offrit aux prisonniers de les faire sauver. La Force n'en voulut jamais rien faire, il répondit qu'il avoit donné sa parole & qu'il aimoit mieux mourir que d'y manquer, une tante qu'il avoit lui avoit trouvé les deux mille écus & on alloit les délivrer au Capitaine Martin, lorsque le Comte de Coconas (celui-là même qui eut depuis le col coupé) vint dire à la force que le Duc d'Anjou demandoit à lui parler, aussi-tôt il fit descendre le pere & les enfans nuë tête & sans manteau; la Force vit bien qu'on le menoit à la mort, il suivit Coconas en le priant d'épargner ses deux enfans innocens. Le plus jeune âgé de treize ans, qui s'apéloit Jacques Nompar, & qui a écrit ceci, éleva la voix & reprocha à ces meurtriers leurs crimes, en leur disant qu'ils en seroient punis de Dieu. Cependant

dant les deux enfans sont menez avec leur pere au bout de la ruë des petits Champs, on donne d'abord plusieurs coups de poignard à l'aîné qui s'écrie, *ha! mon pere, ha! mon Dieu je suis mort*, dans le même moment le pere tombe percé de coups sur le corps de son fils. Le plus jeune couvert de leur sang, mais qui par un miracle étonnant n'avoit reçû aucun coup, eut la prudence de s'écrier aussi *je suis mort*, il se laissa tomber entre son pere & son frere, dont il reçût les derniers soupirs, les meurtriers les croïant tous morts s'en allerent en disant, *les voilà bien tous trois*; quelques malheureux vinrent ensuite dépoüiller les corps; il restoit un bas de toile au jeune de la Force, un pauvre marqueur du jeu de Paume du Verdelet voulut avoir ce bas de toile, en le tirant il s'amusa à considerer le corps de ce jeune enfant, *hélas! dit-il, c'est bien dommage; celui-ci n'est qu'un enfant, que pouvoit-il avoir fait?* Ces parolles de compassion obligerent le petit
à

à lever doucement la tête & à lui dire tout bas je ne suis pas encore mort, ce pauvre homme lui répondit, *ne bougez mon enfant, aiez patience*, sur le soir il le vint chercher, il lui dit, *levez-vous ils n'y sont plus* & lui mit sur les épaules un méchant manteau : comme il le conduisoit, quelqu'un des boureaux lui demanda *qui est ce jeune garçon, c'est mon neveu*, lui dit-il, *qui s'est enyvré, vous voyez comme il s'est accommodé, je m'en vais bien lui donner le fouet*, enfin le pauvre marqueur le mena chez lui & lui demanda 30. écus pour sa récompense. De-là le jeune de la Force se fit conduire déguisé en gueux, jusqu'à l'Arsenal chez le Maréchal de Biron son parent, Grand Maître de l'Artillerie, on le cacha quelque-tems dans la chambre des filles, enfin sur le bruit que la Cour le faisoit chercher pour s'en défaire, on le fit sauver en habit de Page, sous le nom de Baupui.

Le Roi lui-même au milieu des boureaux.

CHARLES IX. avoit eu la barbarie de tirer lui-même avec une arquebuse sur les Huguenots qu'il voïoit fuir. Plusieurs personnes ont entendu conter à M. le Maréchal de Tessé, que dans son enfance il avoit vû un vieux Gentilhomme âgé de plus de cent ans, qui avoit été fort jeune dans les Gardes de CHARLES IX. il interrogea ce vieillard sur la S. Barthelemy, & lui demanda s'il étoit vrai que ce Roi eût tiré sur les Huguenots. C'étoit moi, Monsieur, répondit le vieillard, qui chargeoit son arquebuse.

HENRY IV. dit publiquement plus d'une fois qu'après la S. Barthelemy, une nuée de corbeaux étoit venuë se percher sur le Louvre, & que pendant sept nuits le Roi, lui, & toute la Cour, entendirent des gémissemens & des cris épouventables à la même heure. Il racontoit un prodige encore plus étrange. Il difoit que quelques-jours avant les maſſacres, jouant aux dez avec le Duc d'Alençon & le Duc de Guiſe, il vit des goutes de ſang ſur la Table, que par deux fois il les fit eſſuïer, que deux fois elles reparurent & qu'il quitta le jeu ſaiſi d'effroi.

REMARQUES
SUR
LE TROISIÉME CHANT

Le sujet orgueilleux crut ramener ces tems, (A)
Où de nos premiers Rois les lâches descendans.

LE Cardinal de Guise avoit dit plus d'une fois qu'il ne mourroit jamais content qu'il n'eût tenu la tête du Roi entre ses jambes pour lui faire une couronne de moine : Madame de Montpensier sœur des Guises, vouloit qu'on se servit de ses ciseaux pour ce saint usage. Tout le monde connoit la devise de HENRY III. ces trois Couronnes, avec ces mots *manet ultima cœlo*, on connoit aussi ces deux Vers Latins.

Qui dedit ante duas, unam abstulit, altera nutat,
  Tertia tonsoris est facienda manu.

En voici une traduction que j'ai vuë
dans

dans les Manuscrits de Monsieur le Premier Président de Mesme.

>VALOIS, *qui les Dames n'aime,*
>*Deux Couronnes posseda,*
>*Bien-tôt sa prudence extrême*
>*Des deux, l'une lui ôta:*
>*L'autre va tomber de même,*
>*Grace à ses heureux travaux,*
>*Une paire de ciseaux,*
>*Doit lui donner la troisiéme.*

(B) VALOIS *le fit lui-même égorger à sa vuë.*

Le Duc de Guise fut tué un Vendredi vingt-troisiéme Décembre de l'an 1588. à huit heures du matin. Les Historiens disent qu'il lui prit une foiblesse dans l'antichambre du Roi, parce qu'il avoit passé la nuit avec une femme de la Cour (c'étoit Madame de Noirmontier selon la tradition) tous ceux qui ont écrit la Relation de cette mort, disent que ce Prince dès qu'il fut entré dans la Chambre du Conseil,

com-

commença à soupçonner son malheur par les mouvemens qu'il aperçut: d'Aubigné raporte qu'il rencontra d'abord dans cette chambre, *d'Espinac* Archevêque de Lion, son confident, celui-ci qui en même-tems se douta de quelque chose, lui dit en presence de Larchant Capitaine des Gardes ; à propos d'un habit neuf que le Duc portoit, cet habit est bien leger au tems qu'il court, Vous en auriez dû prendre un plus fouré : ces paroles prononcées avec un air de crainte confirmerent celle du Duc, il entra cependant par une petite allée dans la Chambre du Roi, qui conduisoit à un cabinet dont le Roi avoit fait condamner la porte, le Duc ignorant que la porte fut murée, leve pour entrer la tapisserie qui la couvroit ; dans le moment plusieurs de ses Gascons qu'on nommoit les Quarante-cinq, le percent avec des poignards que le Roi leur avoit distribuez lui-même, les meurtriers se nommoient la Bastide, Mont-

Montsery, S. Malin, S. Godau, S. Capautel Halfrenas, Herbelade, avec Lognac leur Capitaine.

Montsery, ou Monsivry, ce fut celui qui donna le premier coup, il fut suivi de Lognac, de la Bastide & de S. Malin qui se jetterent sur le Duc.

On montre encore dans le Château de Blois une pierre de la muraille contre laquelle il s'apuïa en tombant & qui fut la premiere teinte de son sang. Ceux de Lorraine qui passent par Blois vont baiser cette pierre, la raclent avec un couteau & en emportent précieusement la poussiere.

On ne parle point dans le Poëme de la mort du Cardinal de Guise qui fut aussi tué à Blois, il est aisé d'en voir la raison, c'est que le détail de l'Histoire ne convient point à l'unité du Poëme, parce que l'intérêt diminuë à mesure qu'il se partage.

C'est

C'est par cette raison que l'on n'a point parlé du Prince de CONDE' dans la Bataille de Coutras, afin de n'arrêter les yeux du Lecteur que sur HENRY IV.

Cette Grandeur sans bornes à ses desirs si chere, (C)
Le console aisément de la perte d'un frere.

On lit dans la grande Histoire de Mezerai, que le Duc de Maïenne fut soupçonné d'avoir écrit une Lettre au Roi où il l'avertissoit de se défier de son frere : ce seul soupçon suffit pour autoriser le caractere qu'on donne ici au Duc de Maïenne, caractere si naturel à un ambitieux & sur-tout à un Chef de Parti.

REMARQUES
SUR LE
QUATRIÉME CHANT.

(A) *Alors au Vatican régnoit la politique.*

ON a mis exprès ce mot *alors*, afin de fermer la bouche aux mal intentionnez qui pouroient dire qu'on a manqué de respect à la Cour de Rome.

Cette fiction de la politique qui se joint à la discorde & qui emprunte les habits de la Religion, ne signifie autre chose que les intrigues des Espagnols & des Ligueurs auprès du Pape, il n'y a presque personne en Europe qui ne sache que leurs artifices engagerent la Cour de Rome à se déclarer contre la France. Le Pape peut être consideré comme le Chef de l'Eglise, alors on ne peut avoir qu'un respect sans bornes
pour

pour la sainteté de son caractere, & une soumission profonde pour ses décisions; mais comme Prince Temporel, il a des intérêts temporels à ménager, c'est un Prince qui a besoin de politique pour faire la guerre & la paix. Ainsi Sixte V. donna de l'argent à la Ligue & Gregoire XIV. lui donna aussi de l'argent & des troupes.

Elle apelle à grands cris tous ces spectres austeres ; (B)
De leur joug rigoureux esclaves volontaires.

Dès que Henry III. parut devant Paris, la plûpart des Moines endosserent la cuirasse & firent la Garde avec les autres Bourgeois : cependant cet endroit du Poëme désigne plus particulierement la fameuse Procession de la Ligue, où douze cens Moines marcherent armez dans Paris, aïant Guillaume Rose Evêque de Senlis à leur tête. Cette Procession extravagante, que l'on apella à Paris la drolerie, se fit en 1590. Ce fut à cette belle cérémonie, qu'un

D d   Moine

Moine qui avoit malheureusement un mousquet chargé à balles, tua un Aumonier du Cardinal Caïetan, dans le Carrosse de ce Légat qui s'étoit arrêté au bout du pont Nôtre-Dame pour voir passer cette mascarade. L'Auteur du Catolicon a transporté cette Procession en 1593. aux états de la Ligue & par la même liberté on la place dans ce Poëme sous HENRY III. en 1589. selon la regle, qui veut qu'un Poëte épique dans l'arrangement des évenemens, ait plus d'égard à l'ordonnance de son dessein qu'à l'exacte verité de l'Histoire.

(C) *Le vertueux de Thou, Mole, Scarron, Bayeul, Amelot, Blancmenil & vous jeune Longneuil.*

Le de Thou dont il est parlé ici, est Augustin de Thou II. du nom, oncle de l'Historien, il eut la Charge de Président du fameux Pibrac en 1585.

Molé ne peut être que Edoüard Molé, Conseiller au Parlement, mort en 1634.

1634. le Scaron dont il est ici parlé, étoit grand-pere du fameux Scaron si connu par ses Poësies, Bailleul étoit oncle du Sur-Intendant des Finances. On ne connoit d'Amelot, sinon qu'il étoit Conseiller en cette année, & de la maison de Robe qui porte son nom.

Blancmenil Président à Mortier. C'étoit Nicolas Potier de Novion, il se nommoit *Blancmenil* à cause de la terre de ce nom qui depuis tomba dans la maison de Lamoignon, par le mariage de sa petite fille avec le Président de Lamoignon.

Nicolas Potier ne fut pas à la verité conduit à la Bastille avec les autres membres du Parlement. Car il n'étoit pas venu ce jour-là à la grande Chambre; mais il fut depuis emprisonné au Louvre dans le tems de la mort de Brisson; on voulut lui faire ce même traitement qu'à ce Président. On l'accusoit

d'ad'avoir une correspondance secrette avec HENRY IV. les Seize lui firent son procès dans les formes, afin de mettre de leur côté les aparences de la justice & de ne plus effaroucher le peuple par des exécutions précipitées que l'on regardoit comme des assassinats.

Enfin comme Blancmenil alloit être condamné à être pendu, le Duc de Maïenne revint à Paris. Ce Prince avoit eu toûjours pour Blancmenil une véneration qu'on ne pouvoit refuser à sa vertu ; il alla lui-même le tirer de prison, le prisonnier se jetta à ses pieds, & lui dit, Monseigneur, je vous ai obligation de la vie, mais j'ose vous demander un plus grand bien-fait, c'est de me permettre de me retirer auprès de HENRY IV. mon légitime Roi, je vous reconnoitrai toute ma vie pour mon bienfaiteur; mais je ne puis vous servir comme mon Maître, le Duc de Maïenne touché de ce discours le releva, l'embrassa,

&

& le renvoya à Henry IV. le recit de cette avanture avec l'interrogatoire de Blancmenil, sont encore dans les papiers de M. le Président de Novion d'aujourd'hui.

Bussi le Clerc avoit été d'abord tireur d'armes & ensuite Procureur quand le hazard & le malheur des tems l'eut mis en quelque crédit, il prit le surnom de *Bussi* comme s'il eut été aussi redoutable que le fameux *Bussi d'Amboise*, il se faisoit aussi nommer Bussi Grande Puissance: on l'apella le Grand Penitentier du Parlement, parce qu'il faisoit jeûner à la Bastille les Magistrats qu'il y avoit enfermez.

REMARQUES
SUR
LE CINQUIÉME CHANT.

(A) *Ceux qui de Dominique ont embrassé la vie.*

Dominique né à Cahorra en Arragon fonda les Dominicains en 1215.

(B) *Clement dans sa retraite avoit dès son jeune âge,*
Porté les noirs accès d'une vertu sauvage.

Jacques Clement étoit natif de Sorbonne Village auprès de Sens, il étoit âgé de 24. ans & demi, & venoit de recevoir l'Ordre de la Prêtrise lorsqu'il commit son parricide.

La fiction qui règne dans ce cinquiéme Chant, & qui peut-être poura paroître trop hardie à quelques Lecteurs n'est point nouvelle. La malice des Ligueurs

gueurs & le fanatifme des Moines de ce tems fit paffer pour certain dans l'efprit du peuple, ce qui n'eft ici qu'une invention du Poëte.

On imprima & on debita publiquement une Relation du martyre de frere Jacques Clement, dans laquelle on affuroit qu'un Ange lui avoit aparu & lui avoit ordonné de tuer le Tiran en lui montrant une épée nue, il eft refté depuis un foupçon dans le Public, que quelques confreres de Jacques Clement abufant de la foibleffe de ce miferable, lui avoient eux-mêmes parlé pendant la nuit, & avoient aifément troublé fa tête échauffée par le jeûne & par la fuperftition. Quoiqu'il en foit Clement fe prépara au parricide comme un bon chrétien au Martyre par les mortifications & par la priere, on ne peut douter qu'il n'y eût de la bonne-foi dans fon crime; c'eft pourquoi on a pris le parti de le reprefenter, plûtôt comme un efprit foible
féduit

séduit par sa simplicité, que comme un scelerat déterminé par son mauvais penchant.

Jacques Clement sortit de Paris le dernier Juillet 1589. & fut amené à S. Clou par la Guêle Procureur Géneral. Celui-ci qui soupçonnoit un mauvais coup de la part de ce Moine, l'envoya épier pendant la nuit dans l'endroit où il étoit retiré. On le trouva dans un profond sommeil, son Breviaire étoit auprès de lui ouvert & tout gras, au Chapitre du meurtre d'Holopherne par Judith. On a eu soin dans le Poeme de presenter l'exemple de Judith à Jacques Clement, à l'imitation des Prédicateurs de la Ligue, qui se servoient de l'Ecriture Sainte pour prêcher le parricide.

(C) *A ces mots l'impitoïable mort,*
Lui coupe la parole & termine son sort,

HENRY III. mourut le Jeudi troisiéme jour d'Aoust à deux heures du matin

tin, presque tous les Historiens ont écrit qu'il mourut dans la maison de Jérôme de Gondy dans la même chambre, où il avoit pris avec son frere la résolution de massacrer les Huguenots à la S. Barthelemy ; cela est très-faux, car la malheureuse journée de S. Barthelemy arriva en 1572. alors la maison apartenoit à un Bourgeois nommé Chapelier, Catherine de MEDICIS l'acheta en 1577. & la donna à la femme de Jérôme de Gondy qui la fit rebâtir : par conséquent il est impossible que HENRY III. soit mort dans la chambre où il avoit tenu le Conseil de la S. Barthelemy.

REMARQUES
SUR LE
SIXIEME CHANT.

LE Lecteur judicieux voit bien qu'on a été dans l'obligation indifpenfable de mettre dans un fonge toute la fiction de ce fixiéme Chant, qui fans cela eut paru trop infoutenable dans nôtre Religion. On a donc fupofé (& la Religion Chrétienne le permet) que Dieu qui nous donne toutes nos idées & le jour & la nuit, fait voir en fonge à HENRY IV. les évenemens qu'il prépare à la France & lui montre les fecrets de fa providence fous des emblêmes allegoriques, ce qu'on expliquera plus au long dans le cours des Remarques.

Là sur un Trône d'or CHARLEMAGNE *&* CLOVIS. (A)

Il ne s'agit pas d'examiner dans un poëme si CLOVIS & CHARLEMAGNE, FRANÇOIS I. CHARLES V. &c. sont des saints. Il suffit qu'ils ont été de Grands Rois & que dans nôtre Religion on doit les suposer heureux, puisqu'ils sont morts en Chrétiens.

Là brille au milieu d'eux cette illustre Amazone, (B)

Voici ce qu'on a écrit de plus raisonnable sur cette célebre fille, c'est Monstrelet Auteur contemporain qui parle.

En l'an 1428. vint devers le Roi CHARLES de France à Chinon où il se tenoit une pucelle, jeune fille âgée de vingt-ans nommée Jeanne, laquelle étoit vêtuë & habillée en guise d'homme & étoit née des parties entre Bourgogne & Lorraine, d'une ville nommée Droimi, à present Dontremi, assez près de Vaucouleur, laquelle pucelle Jeanne

Ee 2 fut

fut grand espace de tems Chambriere en une Hôtellerie & étoit hardie de chevaucher chevaux, les mener boire & faire telles autres apertises & habiletez que jeunes filles n'ont point accoutumé de faire & fut mise à voye & envoyée devers le Roi, par un Chevalier nommé Messire Robert de Baudrencourt Capitaine, de par le Roi de Vaucouleur, &c.

On sait comment on se servit de cette fille pour r'animer le courage des François qui avoient besoin d'un miracle, il suffit qu'on l'ait crüe envoyée de Dieu, pour qu'un Poete soit en droit de la placer dans le Ciel avec les Héros. Mezeray dit tout bonnement que *S. Michel le Prince de la milice celeste*, aparut à cette fille, &c. Quoiqu'il en soit, si les François ont été trop crédules, sur la pucelle d'Orleans, les Anglois on été trop cruels en la faisant brûler, car il n'avoient rien à lui reprocher que son courage & leurs défaites. RE-

REMARQUES
SUR
LE SEPTIÉME CHANT.

Sanci brave Guerrier, Ministre, Magistrat, &c. (A)

Nicolas de Harlai de Sancy fut successivement Conseiller du Parlement, Maître des Requêtes, Ambassadeur en Angleterre, & en Allemagne, Colonel Général des Suisses, premier Maître d'Hôtel du Roi, Sur-Intendant des Finances & réünit ainsi en sa personne, le ministere, la Magistrature & le Commandement des armes, il étoit fils de Robert de Harlai, Conseiller au Parlement, & Jacqueline de Morvilliers, il nâquit en 1546. & mourut en 1629.

N'étant encore que Maître des Requêtes, il se trouva dans le Conseil de

HEN-

HENRY III, lorsqu'on délibéroit sur les moyens de soutenir la Guerre contre la Ligue, il proposa de lever une Armée de Suisses. Le Conseil qui savoit que le Roi n'avoit pas un sol, se mocqua de lui, *Messieurs*, dit Sancy, *puisque de tous ceux qui ont reçû du Roi tant de bienfaits, il ne s'en trouve pas un qui veüille le secourir, je vous déclare que ce sera moi qui leverai cette armée.* On lui donna sur le champ la Commission & point d'argent, & il partit pour la Suisse: jamais négociation ne fut si singuliere ; d'abord il persuada aux Genevois & aux Suisses de faire la Guerre au Duc de Savoye conjointement avec la France, il leur promit de la Cavalerie qu'il ne leur donna point, il leur fit lever dix mille hommes d'infanterie & les engagea de plus à donner cent mille écus, quand il se vit à la tête de cette armée, il prit quelques Places au Duc de Savoye, ensuite il sçût tellement gagner les Suisses, qu'il engagea l'armée à marcher

cher au secours du Roi. Ainsi on vit pour la premiere fois les Suisses donner des hommes & de l'argent.

Sancy dans cette négociation dépensa une partie de ses biens, il mit en gage ses pierreries & entr'autres ce fameux Diamant nommé le Sancy, qui est à presa à la Couronne.

Ce Diamant qui passoit pour le plus beau de l'Europe, avoit d'abord apartenu au malheureux Roi de Portugal. Dom Antoine chassé de son païs par PHILIPPES II. Dom Antoine s'étoit réfugié en France, n'aïant pour tout bien qu'une selle garnie de pierreries & un petit coffre dans lequel il y avoit quelques Diamans; celui dont il est question est un Diamant assez large qu'il métoit à son chapeau & qu'il aimoit beaucoup, ce fut celui dont il se défit le dernier, il le mit en gage entre les mains de Sancy, qui lui prêta quarante mille

francs

francs sur cet effet, le Roi n'étant point en état de rendre cette somme, le Diamant demeura à Sancy qui fut honteux d'avoir pour une somme si modique une piece d'un si grand prix. Il envoïa vingt mille écus au Roi Dom Antoine & eut pu même en donner davantage.

Sancy étant Sur-Intendant des finances sous Henry IV. fut disgracié au raport de M. de Thou, parce qu'il avoit dit à la Duchesse de Beaufort que ses enfans ne seroient jamais que des fils de P. Il y a plus d'aparence que le Roi lui ôta les Finances, parce qu'il s'accommodoit beaucoup mieux de Rosni. Sancy même ne fut point disgracié, puisque le Roi en 1604. le nomma Chevalier de l'Ordre.

Il s'étoit fait Catholique quelquetems après Henry IV. disant qu'il faloit être de la Religion de son Prince. C'est sur cela que d'Aubigné qui ne l'aimoit l'aimoit pas composa l'ingénieuse & mordante Satire intitulée la Confession de Sancy.

Que vois-je au moment même une main inconnuë, (B)
Frappe le Grand HENRY *d'une atteinte imprévuë.*

Ce ne fut point à Ivry, ce fut au combat d'Aumale que HENRY IV. fut blessé, il eut la bonté depuis de mettre le soldat qui l'avoit blessé dans ses Gardes.

Le Lecteur s'aperçoit bien sans doute que l'on n'a pas pû parler de tous les combats de HENRY le Grand, dans un Poeme où il faut observer l'unité d'action. Ce Prince fut blessé à Aumale, il sauva la vie au Maréchal de Biron à Fontaine Françoise ; ce sont là des évenemens qui méritent d'être mis en œuvre par le Poëte, mais il ne peut les placer dans les tems où ils sont arrivez, il faut qu'il rassemble autant qu'il peut ces actions séparées ? qu'il les mette dans la

F f   même

même époque; en un mot qu'il compose un tout de diverses parties, sans cela il est absolument impossible de faire un Poeme Epique fondé sur une histoire.

Henry IV. ne fut donc point blessé à Ivry, mais il y courut un grand risque de sa vie, il fut même envelopé de trois cornettes Walonnes & y auroit péri s'il n'eut été dégagé par le Maréchal d'Aumont & par le Duc de la Trimoüille, les siens le crurent mort quelque-tems & jetterent de grand cris de joïe quand ils le virent revenir l'épée à la main tout couvert du sang des ennemis.

Je remarquerai qu'après la blessure du Roi à Aumale, Duplessis-Mornai lui écrivit, SIRE, *vous avez assez fait l'Alexandre, il est tems que vous fassiez le Cezar, c'est à nous à mourir pour V. M. & vous est gloire à vous,* SIRE, *de vivre pour nous & j'ose vous dire que ce vous est devoir.* RE-

REMARQUES
SUR LE
HUITIÉME CHANT.

REMARQUES
SUR LE
NEUVIÉME CHANT.

IL y aura sans doute des Lecteurs qui seront étonnez de la supression de plusieurs évenemens considérables dans le neuviéme Chant, & de quelques dérangemens de cronologie qu'ils y trouveront, cette matiere mérite d'être éclaircie.

Ce Chant contient trois faits principaux, 1. les Etats de Paris, 2. les siége

Ff 2   de

de cette ville, & le 3. la converſion de Henry IV. qui attira la reduction de Paris.

Selon la verité de l'Hiſtoire, Henry le Grand Aſſiégea Paris quelque-tems après la Bataille d'Ivry en 1590. au mois d'Avril. Le Duc de Parme lui fit lever le ſiége au mois de Septembre, la Ligue long-tems après en 1593. Aſſembla les Etats pour élire un Roi à la place du Cardinal de Bourbon qu'elle avoit reconnu ſous le nom de Charles X. & qui étoit mort depuis deux ans & demi, enfin ſur la fin de la même année 1593. au mois de Juillet, le Roi fit ſon abjuration dans S. Denis & n'entra dans Paris qu'au mois de mars 1594.

De tous ces évenemens on a ſuprimé l'arrivée du Duc de Parme & le prétendu régne de Charles Cardinal de Bourbon, il eſt aiſé de s'apercevoir que faire paroître le Duc de Parme ſur la ſcene, eût été avilir Henry IV. le Héros

ros du Poeme, & agir précisement contre le but de l'ouvrage, ce qui seroit une faute impardonnable.

A l'égard du Cardinal de BOURBON, ce n'étoit pas la peine de blesser l'unité si essentielle dans tout ouvrage Epique en faveur d'un Roi en peinture tel que ce Cardinal, il seroit aussi inutile dans le Poeme qu'il le fut dans le parti de la Ligue. En un mot on passe sous silence le Duc de Parme parce qu'il étoit trop grand, & le Cardinal de BOURBON parce qu'il étoit trop petit, on a été obligé de placer les Etats de Paris avant le siége, parce que si on les eût mis dans leur ordre, on n'auroit pas eu les mêmes occasions de faire paroître la verité du Héros, on n'auroit pas pu lui faire donner des vivres aux Assiégez, & le faire aussi-tôt récompenser de sa génerosité. D'ailleurs les Etats de Paris ne sont point du nombre des évenemens qu'on ne peut déranger de leur point cronologique, la

Poësie

Poësie permet la transposition de tous les faits qui ne sont point écartez les uns des autres d'un grand nombre d'années & qui n'ont entr'eux aucune liaison nécessaire. Par exemple, je pourrois sans qu'on eût rien à me reprocher, faire HENRY IV. Amoureux de Gabrielle d'Etrées du vivant de HENRY III. parce que la vie & la mort de HENRY III. n'ont rien de commun avec l'amour de HENRY. IV. pour Gabrielle d'Etrées.

Les Etats de la Ligue sont dans le même cas par raport au siége de Paris, ce sont deux évenemens absolument indépendans l'un de l'autre. Ces Etats n'eurent aucun effet, on n'y fit nulle résolution, ils ne contribuerent en rien aux affaires du parti, le hazard auroit pû les assembler avant le siége comme après, & ils sont bien mieux placez avant le siége dans le Poeme ; de plus il faut considérer qu'un Poeme Epique n'est pas une Histoire, on ne sauroit

roit trop presenter cette regle aux Lecteurs qui n'en seroient pas instruits.

Loin ces rimeurs craintifs dont l'esprit phlegmatique,
Garde dans ses fureurs un ordre didactique ;
Qui chantant d'un Héros les exploits éclatans,
Maigres Historiens suivront l'ordre des tems ;
Il n'osent un moment perdre un sujet de vuë ,
Pour prendre Arle il faut que l'Isle soit renduë ;
Et que leurs Vers exacts ainsi que Mezeray,
Ait fait tomber déja les remparts de Courtray, &c.

F I N.

REFLEXIONS
CRITIQUES
SUR UN POËME INTITULÉ
LA LIGUE

Imprimé à Genève, & attribué à M.
DE VOLTAIRE.

www.ingramcontent.com/pod-product-compliance
Lightning Source LLC
Chambersburg PA
CBHW071935160426
43198CB00011B/1406